巧用 AI

教师助手 高效教学

汪兵 雷春 秋叶 著

北京大学出版社
PEKING UNIVERSITY PRESS

前言 Preface

科技的每一次飞跃都深刻地改变着我们的生活,教育领域也不例外。

一、颠覆性的变革正在悄然发生

回想我们上学的日子,老师用粉笔在黑板上书写,我们一字一句地记笔记,课后还要花大量时间复习。如今,AI技术已经可以代替老师进行板书,甚至生成精美的课件,使知识以更生动、更直观的方式呈现。AI还可以根据学生的学习情况,提供个性化的辅导,为每个学生定制最适合的学习路径。

想象一下,未来的教室将不再局限于四面墙和一块黑板,而是成为一个充满智能与活力的学习空间。AI不再是一个遥不可及的概念,而是老师最得力的助手和最亲密的伙伴。教学不再是单一的灌输与接受,而是老师、学生与AI三者之间的深度互动与共创。

本书将带你一起探索"AI+教育"的奥秘,学习如何利用AI技术提升教学效果,打造智能化、个性化的课堂,培养适应未来社会发展的人才。

二、从"以教师为中心"到"教师+AI"双轨模式

AI并非要取代教师,而是要成为教师的好帮手。AI可以帮助教师进行备课、授课、测评、办公等各项工作,使教师从烦琐的事务性工作中解脱出来,从而有更多的时间和精力去关注学生的成长,进行教学创新,实现教育的真正价值。

三、多模态AI教学,让学习更加生动有趣

AI技术可以生成文字、表格、图片、PPT、音乐、视频等多种形式的内容,让学习更加生动有趣。我们可以利用AI生成教

学视频，让学生像看电影一样学习；利用AI生成音乐，让课堂充满活力；利用AI设计互动游戏，让学生在玩乐中掌握知识。

四、AI赋能，让教师成为更优秀的引路人

在AI的助力下，备课将变得更加高效。我们可以通过AI制订详细的教学计划，撰写体系化的课程大纲，甚至预测学生可能遇到的问题，从而提前做好准备。同时，AI还能帮助教师设计富有创意的课堂活动，让教学不再枯燥乏味。

当AI融入课堂，翻转课堂、个性化辅导等先进的教学理念将得以实现，学生的学习体验将得到前所未有的提升。

此外，AI可以帮助教师进行教学反思，优化教学策略，让教学更加精准。同时，AI还可以帮助教师进行学生评估，让教师更好地了解学生的学习情况，为学生的成长提供更有效的指导。

五、AI时代，教育将更加公平、高效、个性化

"AI+教育"将使教学更加高效，让学习更加轻松；使教育资源更加公平地分配，让每个学生都能享受到优质的教育；使教育更加个性化，让每个学生都能找到适合自己的学习方式。

当然，"AI+教育"也面临着一些挑战。例如，如何避免学生对AI过度依赖？如何保护学生的隐私和数据安全？如何让AI更好地服务于教育而非取代教育？这些挑战都需要我们共同面对和解决。

本书不仅是一本关于技术应用的指南，更是一本关于教育理念、教学模式及教师角色重塑的深思录。它邀请每一位热爱教育的读者，共同探索AI与教育的无限可能，携手撰写教育的新篇章。

让我们一起拥抱AI，拥抱未来，让教育焕发新的生命力！

温馨提示：本书提供的附赠资源，读者可以通过扫右侧二维码，关注"博雅读书社"微信公众号，输入本书77页的资源下载码，根据提示获取。或扫码关注"秋叶大叔"公众号，回复关键词"教师助手"，也可领取相应资源。

博雅读书社

秋叶大叔

第1章 AI+教育：不是渐进式改革，而是颠覆式创新 ········ 001

1.1 正在改变教学模式的 AI 技术 ········ 002
1.2 从以教师为中心，到"教师 +AI"双轨模式 ········ 007
1.3 从多媒体教学到多模态 AI 教学 ········ 008
1.4 AI 时代，教师必备的新工具包 ········ 011

第2章 掌握 AI 工具，打开教学新可能 ········ 013

2.1 文生文：让 AI 成为老师的好助理 ········ 013
2.2 文生表：结构化表格，AI 轻松搞定 ········ 018
2.3 文生图：告别配图荒，升级你的课件 ········ 022
2.4 文生 PPT：把教师从课件中解放出来 ········ 029
2.5 文生音乐：为你的课堂增添惊喜 ········ 034
2.6 文生视频：高效制作教学视频 ········ 038
2.7 创建 AI 智能教师：在线答疑不用愁 ········ 044
2.8 AI 数字人搭建：让课堂生动有趣 ········ 054
2.9 教师们还要知道的 AI 神器 ········ 057
2.10 后来居上的黑马级 AI 应用——DeepSeek ········ 064

第3章 要用好 AI，先要学会用提示词 ... 070

3.1 AI 不好用？可能是你不会提问 ... 070
3.2 要点式提示词，让回答准确具体 ... 075
3.3 角色扮演式提示词，让 AI 成为全能专家 ... 077
3.4 投喂示例式提示词，让 AI 学习优质案例 ... 079
3.5 模板框架式提示词，让 AI 处理复杂任务 ... 080
3.6 用 AI 驱动 AI，生成优质提示词 ... 088
3.7 学会追问 AI，好答案不是一步形成的 ... 090

第4章 AI+备课，精准高效进行教学筹划 ... 095

4.1 用 AI 制订详细的教学计划 ... 095
4.2 用 AI 撰写体系化的课程大纲 ... 108
4.3 用 AI 做教学设计与案例 ... 118
4.4 用 AI 生成学科教案 ... 131
4.5 用 AI 制作教学课件 PPT ... 139

第5章 AI+教学，打造高质量智能化课堂 ... 148

5.1 用 AI 设计翻转课堂 ... 148
5.2 用 AI 进行课堂互动 ... 161
5.3 利用 AI 进行知识扩展 ... 167
5.4 用 AI 撰写教学课程总结 ... 175

第6章 AI+测评，助力学生考核和评估 ······ 184

- 6.1 用 AI 生成课堂实操与测试 ······ 184
- 6.2 用 AI 制订完善的课程考核方案 ······ 189
- 6.3 用 AI 生成期中/期末测试题 ······ 194
- 6.4 利用 AI 批改学生作业和试卷 ······ 200
- 6.5 用 AI 生成学生评估报告 ······ 202

第7章 AI+办公，培养得力工作助手 ······ 206

- 7.1 用 AI 撰写专业介绍 ······ 206
- 7.2 用 AI 撰写工作总结和计划 ······ 208
- 7.3 用 AI 撰写行政通知 ······ 213
- 7.4 用 AI 撰写就业计划书 ······ 215
- 7.5 利用 AI 撰写暑期社会实践汇报 ······ 217
- 7.6 用 AI 撰写活动策划 ······ 221
- 7.7 用 AI 撰写课题研究报告 ······ 224

第8章 AI 时代，教师角色的重塑与挑战 ······ 230

- 8.1 人工智能下的教学伦理冲突 ······ 230
- 8.2 AI 时代，学生怎样用 AI 更合理 ······ 233
- 8.3 如何避免学生对 AI 形成依赖 ······ 235
- 8.4 人工智能时代教师如何进化和进行职业规划 ······ 237

附录 给教师的66个DeepSeek实战技巧（电子文件）······ 240

第1章

AI+ 教育：
不是渐进式改革，而是颠覆式创新

2024年3月9日，在十四届全国人大二次会议上，教育部部长怀进鹏提出，未来，我们将致力于培养一大批具备数字素养的教师，加强我们在教师队伍的建设，把人工智能技术深入教育教学和管理全过程、全环节，来研究它的有效性、适应性，让青年一代更加主动地学，让教师更加创造性地教。如图1-1所示。

未来，我们将致力于培养一大批具备数字素养的教师，加强我们在教师队伍的建设，把人工智能技术深入教育教学和管理全过程、全环节，来研究它的有效性、适应性，让青年一代更加主动地学，让教师更加创造性地教。

教育部部长 怀进鹏

图1-1　教育部部长怀进鹏关于人工智能的发言

1.1 正在改变教学模式的 AI 技术

2024年5月，在某大学的消费者行为学课堂上，张老师讲到了马斯洛需求层次理论。与以往的教学方式不同的是，张老师没有直接让同学们先看课本上的概念，而是让大家打开手机，利用AI工具"文心一言"进行提问。

于是，大家纷纷低头"玩手机"，经过5分钟，班级微信群中涌现了大量如图1-2所示的AI对话。

图1-2　某班级微信群中涌现的 AI 对话

接下来，我们就其中一段对话展开看一看。

🎤 **学生提问：**

你是一位消费者行为学专家，你将社会人群分为三类：低收入人群、中收入人群、高收入人群，请你运用马斯洛需求层次理论，来阐述这三类人群的需求特点。

✨ AI回答：

作为消费者行为学专家，我会运用马斯洛需求层次理论来分析低收入人群、中收入人群和高收入人群的需求特点。马斯洛需求层次理论包括生理需求、安全需求、社交需求、尊重需求和自我实现需求。

1. 低收入人群需求特点

生理需求：低收入人群的首要需求通常是满足基本的生理需求，如食物、水、住所和衣物。他们更倾向于购买价格实惠、性价比高的商品和服务。

安全需求：在满足了基本生理需求后，低收入人群会寻求财务和人身安全。他们可能会倾向于购买保险或储蓄，以确保在紧急情况下有所保障。

社交需求：低收入人群同样有社交需求，可以通过社区活动、家庭聚会等方式来满足。

2. 中收入人群需求特点

生理需求和安全需求：对于中收入人群来说，生理需求和安全需求通常已经得到较好的满足。然而，他们仍然会关注这些领域以确保生活品质的稳定。

社交需求：中收入人群对社交需求有更高的追求，可能更倾向于通过参与社交活动、旅行或购买时尚产品来展示自我和建立社交关系。

尊重需求：随着收入的提高，中收入人群开始追求尊重需求，如职业成就、社会地位和他人认可。

3. 高收入人群需求特点

生理需求、安全需求和社交需求：对于高收入人群来说，这些需求通常已经得到很好的满足。

尊重需求：高收入人群在尊重需求上通常已得到很好的实现，他们可能更加关注个人成就、名誉和地位。

自我实现需求：高收入人群的主要需求集中在自我实现上。他们追求个人成长、自我发展和挑战，热衷于追求艺术、文化、教育、慈善事业等，以实现个人的价值观和理想。

个性化需求：高收入人群往往有更高的个性化需求，追求独特的产品和服务，以展示自己的个性和品位。

总体来说，不同收入层次的人群在马斯洛需求层次上的关注点有所不同。了解这些差异有助于企业更好地定位产品和服务，满足不同收入层次消费者的需求。

张老师通过这样新颖的教学方式，不仅让同学们在课堂上"玩"手机，而且还玩出了新高度！这样的智能课堂让同学们在感叹AI工具神奇的同时，也对马斯洛需求层次理论有了更深的理解。大家感叹道："原来上课还可以这样，不是对着课本去背概念，而是用AI来启发思维，真的是既有趣又有用！"。

这样的教学方式，是否给了你启发呢？

在未来的两年内，会有越来越多的课堂教学像上述例子一样，运用AI工具帮助教师智能教学，引导学生智能学习。

1. 什么是AI

AI即人工智能（Artificial Intelligence），这一概念于1956年被提出，并在随后的机器人领域有了初步应用。近年来人工智能成为各行各业的热点，这一转变很大程度上归功于ChatGPT等自然语言处理大模型的出现。

2022年11月，OpenAI发布了基于自然语言的人工智能聊天大模型——ChatGPT。随后，AI大模型的浪潮开始席卷全球。受此影响，国内相继研发出了多种强大的AI大模型，推动了各行各业向"AI+"模式的转型升级。

2. AI能做什么

AI能做什么呢？

用户无须投入过多时间和精力进行深度学习，只需将自己的想法、创意输入给AI，AI就能帮助用户生成高质量的文章、代码以及精美的图片、视频、3D场景等，如图1-3所示。

第 ❶ 章 >> AI+ 教育：不是渐进式改革，而是颠覆式创新

AI生成的文案

AI生成的代码

AI生成的图片

AI生成的视频画面

图 1-3　AI生成的内容

由于AI的出现，学习的门槛和成本越来越低，而借助AI所能实现的效果却越来越出色。如今，每个人都仿佛拥有了一位强大的AI导师。

3. AI 如何改变教学

面对这样的变革，作为教师，我们该如何应对呢？我们的教育模式又该如何调整呢？

香港科技大学首席副校长郭毅可关于人工智能对未来教育影响的观点如图1-4所示。

郭毅可
香港科技大学首席副校长

高校不能抵制ChatGPT，因为人工智能是非常重要的革命，它对教育的影响是根本性的，它会**影响教育的理念、方法、工具、学生的能力等。**

传统教育是传授知识，AI时代的传统教育是AI成为工具，而生成式人工智能影响下的教育，需要把**人工智能在教育中进行创造性应用，让学生从消费者变成共同的创造者。**

生成式人工智能时代的教育需要让学生掌握**批判力、创造力，以及与机器的交流能力**等。

聪明的我们应该**用我们创造的智能机器去培养更聪明的人，他们再去创造更聪明的机器。**

图1-4　郭毅可关于人工智能对未来教育影响的观点

我们来解读一下其中的含义。

传统的教育模式往往强调教师的传授角色，重点聚焦于学生的认知层次，如记忆和理解。然而，学生从"知道"到在实际工作中能够"运用自如"，仍存在着一定的差距。

随着AI工具的出现，教师可以将更多的精力放在培养学生的知识的运用能力上。借助AI，教师讲授的知识可以快速落地应用，让学生在与AI的互动和思维碰撞中启迪智慧。这种教学方式能够使学生的分析、评价和创造等认知层次得以显著提升，从而实现更深层次的学习和理解。

因此，在AI时代，教育行业的改革和创新迫在眉睫。一方面，教师需要主动提升数字素养，熟练掌握主流AI工具的使用，以适应新的教育场景，并不断创新教学模式和方法。另一方面，教师需要重新定位自己的角色，从单纯的知识传授者转为学习的引导者，引导学生合理使用AI，成为学生与AI之间有效互动的桥梁。

1.2 从以教师为中心，到"教师+AI"双轨模式

传统教育往往以教师为中心，教师负责传授知识，学生则主要是听讲和接受。然而，在AI的推动下，教学不再完全依赖传统的教师教学方式，而是将AI作为教师的重要合作伙伴，共同构成了"教师+AI"的双轨教学模式。

1. 双轨如何运行

（1）教师这条铁轨：教师仍然是教育的核心，他们负责引导学生、解答疑惑、分享经验，并致力于培养学生的思维能力、创造力和情感发展。教师的角色不仅在于传授知识，更在于引导学生探索知识、激发学生的学习兴趣。

（2）AI这条铁轨：AI可以为学生提供个性化的学习资源和及时反馈，帮助教师更有效地管理课堂和评估学生的学习进度。例如，AI既可以根据学生的学习习惯和进度推荐适合他们的学习材料，还可以自动批改作业，为教师节省大量时间，使他们有更多的精力去关注学生的个性化需求和成长。

2. 教师+AI的主要思路

教师工作和AI的结合其实不难。教学流程AI化如图1-5所示。

图1-5 教学流程AI化

（1）备课。教师可以利用AI进行教学安排、课堂设计、课件制作和教案撰写等工作。AI在文本交互、PPT制作和数据分析方面表现出色，因此在备课过程中可以充分利用AI的协助，提高备课效率和质量。

（2）教学。在课堂上，教师可以引入AI作为教学辅助工具，引导学

生合理使用AI，借助AI启发学生的思维，让学生不再被动接受知识，而是学会主动提问和探索。

（3）练习+考试+测评。教师可以利用AI生成练习题、试卷，并进行学生测评；同时，让AI担当教学助手，实现对学生的个性化辅导。

在"教师+AI"的双轨模式下，教师和AI相互协作，共同推动高质量教育的发展。教师可以利用AI来辅助教学，提升教学效果；而AI则可以为教师提供有力的支持，使教育更加高效、个性化和智能化。这样，学生可以在更加智能、更加个性化的学习环境中成长与发展，为他们的未来打下坚实的基础。

1.3 从多媒体教学到多模态 AI 教学

想象一下，如果老师在上课时只用一种教学方法，比如老师只说，学生只听，那可能会显得非常枯燥，对吗？

从传统的黑板、粉笔，到幻灯片、投影仪，再到如今广泛应用的多媒体教学，教育手段在不断升级。然而，这些变革大多仍停留在以教师为中心的教学模式中，学生的参与度和个性化需求并未得到充分满足。

而在AI时代，我们期待的不仅是教学手段的又一次升级，更是一种全新的教育模式——多模态AI教学。

1. 什么是多模态 AI 教学？

多模态AI教学是指利用人工智能技术，将多种教学资源（如文字、图片、音频、视频等）进行深度融合，形成一种全新的、多元化的教学方式。

通俗来说，多模态AI教学就是充分利用视觉、听觉甚至触觉等多种感官，让学习变得更有趣、更有效。

具体来说，多模态AI教学可以实现以下效果。

（1）身临其境的学习体验：例如，学生在学习地理时，AI可以运用虚拟现实技术，让学生仿佛置身于亚马孙雨林中，看见各种植物和动物，聆听鸟儿的叫声，仿佛真的在那里探险。

（2）自然流畅的语言交流：例如，学生在学习语言时，AI可以通过语音识别和自然语言处理技术，与学生用目标语言进行对话，就像和一个会说多种语言的朋友聊天一样自然流畅。

（3）个性化的学习辅导：例如，学生在做数学题时，AI可以根据学生的回答和习惯，给出个性化的建议和提示，就像一个随时在旁指导的私人导师一样贴心。

在这种教学方式中，学生可以通过与智能设备的互动，获取更加丰富、个性化的学习体验。同时，教师也可以根据学生的学习情况，实时调整教学内容和策略，提高教学质量。

2. 多模态AI教学的优势

（1）丰富多样的教学资源。多模态AI教学可以整合各种类型的教学资源，为学生提供更加丰富的学习材料。例如，通过虚拟现实技术，学生可以身临其境地参观博物馆、实验室等场所，从而激发学习兴趣，提高学习效果。

（2）个性化的学习体验。AI技术可以根据学生的学习特点和需求，为其提供定制化的学习内容和路径。例如，智能推荐系统可以根据学生的学习进度和能力，推荐合适的学习资源，帮助学生更高效地学习。

（3）实时反馈与评估。多模态AI教学可以为教师提供学生实时的学习数据，帮助教师及时了解学生的学习情况，以便调整教学策略。同时，AI技术还可以对学生的作业、测验等进行自动批改，减轻教师的工作负担。

（4）促进学生主动学习。多模态AI教学鼓励学生主动参与学习过程，培养学生的自主学习能力。例如，学生可以通过与智能设备的互动，提出问题、解决问题，从而更好地掌握知识，提升自主学习能力。

3. 实践与运用

以下是发布在新京报上的一则消息。

学生课本里住着一个智能助手，它既能够帮助学生理解复杂的知识点，也能够提供个性化的学习建议。这个曾经只存在于想象中的场景，如今已经在清华大学的部分课程中成为现实。

清华大学以"千亿参数多模态大模型GLM"为平台与技术基座，研发出了多个AI助教系统，服务于不同学科领域的教师与学生。自2023年秋季学期开始，8门课程进行了试点，其中5门课程的相关系统已完成了第一阶段开发，并开始进入初步投入使用阶段。这些AI助教系统不仅能够提供24小时的个性化学习支持、智能评估和反馈，还能辅助学生进行深入思考，激发学习灵感。

这样的案例会越来越多，目前，学校层面对于AI的实践运用可以分为以下三个层面。

（1）自建AI大模型。学校自主研发和部署符合本校教学情况的AI大模型，如清华大学。这种大模型灵活度高，教师运用起来更方便，但成本也相对较高。

（2）智能教育机器人。学校借用其他AI大模型搭建自己的AI工作台，成本和难度相较于自建AI大模型会低一些。在一些学校，已经有尝试使用智能教育机器人进行教学的案例。这些机器人可以根据学生的学习情况，提供个性化的教学服务，如答疑解惑、辅导作业等。北京师范大学AI工具平台，如图1-6所示。

图1-6　北京师范大学AI工具平台

（3）智能化课堂。教师通过学习AI技术，运用公共的AI平台，将备课与教学的过程与AI技术相结合。这种方式成本较低，更适合普通学校和教师。目前，已有一些学校正在尝试建立智能化课堂，利用AI技术对学生的学习情况进行精准引导和分析，为教师提供有力的教学支持。本章开头的马斯洛需求层次理论教学就是智能化课堂的一个典型应用。

总之，多模态AI教学无疑是教育领域的一种颠覆式创新。它将为学生带来更丰富、更个性化的学习体验，同时也将为教师提供更加高效的教学手段。

1.4 AI时代，教师必备的新工具包

虽然AI工具有很多，但不是每一位老师都用得上。这里，我们为大家总结了目前常用的AI软件，如表1-1所示。接下来的章节将针对这些工具进行具体的实操演示。

表1-1 目前常用的AI软件

类别	工具名称	网址
AI大模型	文心一言	https://yiyan.baidu.com/
	讯飞星火	https://xinghuo.xfyun.cn/
	通义千问	https://tongyi.aliyun.com/qianwen/
	智谱清言	https://chatglm.cn/
	天工AI	https://www.tiangong.cn/
	Kimi	https://kimi.moonshot.cn/
	ChatGPT	https://chatgpt.com/
	豆包	https://www.doubao.com/chat/

续表

类别	工具名称	网址
AI绘画	通义万相	https://tongyi.aliyun.com/wanxiang/
	WHEE（美图秀秀）	https://www.whee.com/
	Midjourney	https://www.midjourney.com/
	哩布哩布AI	https://www.liblib.art/
AI视频	剪映	https://www.jianying.com/
	Sora	https://openai.com/index/sora
	Runway	https://runwayml.com/
AiPPT	AiPPT	https://www.aippt.cn
	WPS AI	https://ai.wps.cn/
	iSlide AI	https://www.islide.cc/
AI搜索	秘塔AI搜索	https://metaso.cn/
AI公文	新华妙笔	https://miaobi.xinhuaskl.com/
AI记录	通义效率	https://tongyi.aliyun.com/efficiency/
AI论文	橙篇	https://cp.baidu.com/

第2章

掌握 AI 工具，打开教学新可能

学习 AI 最好的方法，就是亲自实践！

在本章中，我们将详细演示不同 AI 工具的基础操作方法。建议读者在阅读时，能够打开电脑，跟随书上的操作步骤进行练习，从而掌握 AI 的基本用法。

2.1 文生文：让 AI 成为老师的好助理

文生文是指通过向 AI 输入文字指令，让 AI 生成新的文字内容。AI 的文生文功能广泛应用于写作、翻译、互动聊天等领域。

2.1.1 常见的文生文软件

文生文是 AI 的基本功能，目前已被大多数 AI 软件所集成。

1. ChatGPT

ChatGPT 是近年来人工智能领域的一项重要突破。由 OpenAI 团队于 2022 年 11 月推出，并持续迭代升级。ChatGPT 的惊艳表现让 AIGC（Artificial Intelligence Generated Content，人工智能生成内容）这一概念走进了大众视野，并掀起了AI热潮。ChatGPT的图标如图2-1所示。

图2-1　ChatGPT的图标

基本特点：功能全面，可以生成文字、图片、代码以及视频等内容；拥有丰富的语言知识和对话背景，支持使用多种语言进行提问；在生成能力、理解能力、互动和对话能力方面表现出色。

2. 文心一言

文心一言是百度基于文心大模型技术推出的生成式对话工具。它利用跨模态、跨语言的深度语义理解与生成能力，为用户提供智能化的聊天机器人服务。与ChatGPT功能类似，文心一言同样能够与用户进行对话互动、回答问题、生成文字，高效便捷地帮助用户获取信息、知识和灵感。

除了生成文字，文心一言还可生成图像、表格等多种形式的内容。在多个领域，文心一言都展现出了强大的应用潜力和综合性，能够满足不同用户的不同需求，并在众多AI工具中脱颖而出。文心一言的图标如图2-2所示。

图2-2　文心一言的图标

基本特点：作为国产大模型的佼佼者，支持生成图片、表格、代码、简易视频等多种类型的内容；插件功能丰富；内置多种场景和职业的提示词参考，方便用户使用。

3. 其他工具

除了ChatGPT和文心一言，还有许多各具特色的写作类AI工具可供选择，如表2-1所示。这些AI工具各有优势，能够满足不同用户的个性化需求。

表2-1　其他写作类AI工具

工具名称	开发者	功能简介
通义千问	阿里云	基于云计算和大数据技术构建的智能问答系统，能够快速响应用户的查询，并提供准确、相关的回复。此外，还支持文档和图片解析功能
讯飞星火	科大讯飞	科大讯飞研发的AI大模型，拥有丰富的插件和AI助手应用，为用户提供多样化的智能服务
豆包	字节跳动	由字节跳动基于云雀模型开发的AI工具，支持语音转文字输入和多种音色的自然语音输出，同时允许用户定制个性化的AI智能体，以满足个性化需求
天工AI	昆仑万维	由昆仑万维精心打造的人工智能助手，擅长多语言交流和知识查询。其场景细分、功能丰富，综合性强
Copilot	微软	集成于Microsoft 365应用，如Word、Excel等，提供实时写作和编程建议。利用GPT系列模型的自然语言处理能力，理解用户意图并生成相应内容，帮助用户高效创作

2.1.2　文生文基础操作

在本小节中，我们以文心一言为例，演示其基础操作。虽然移动端也可以使用文心一言，但PC端操作更便捷，功能也更丰富。

1. 注册与登录

在浏览器中搜索"文心一言"，找到官方网站后，单击【体验文心一言】按钮，即可开始注册账号，如图2-3所示。

图 2-3　文心一言界面

2. 输入指令

登录成功后,在文心一言主页的对话框中输入文字指令(后统称为"提示词"),然后单击【发送】按钮,即可开始和文心一言进行对话,如图 2-4 所示。例如,输入"帮我制订一份减肥计划",然后单击【发送】按钮,就可以看到文心一言已经根据指令给出了回复。

图 2-4　文心一言对话框

文心一言的对话记录支持复制、粘贴、分享等操作。当完成一轮对话后，可以单击左上角的【对话】按钮，进行下一轮的提问。只要使用同一个账号登录，之前的对话记录会自动保存在文心一言的对话历史中，并在左侧形成对话框记录供用户查看。

此外，单击【选择插件】按钮，可以安装一些具有其他功能的插件。结合文心一言的对话框使用这些插件，可以延伸其功能。具体插件功能如下。

（1）览卷文档：可以上传文档，让文心一言进行解读或总结。

（2）Tree Mind树图：可以让文心一言生成思维导图，并进行修改和编辑。

（3）板栗看板：可以让文心一言形成工作流程，进行任务管理。

（4）AiPPT：可以直接让文心一言生成PPT，并进行编辑和修改。

3. 教师场景

除了基本的对话和输入功能，文心一言还内置了针对教师场景的专用功能。单击左侧导航栏的【百宝箱】按钮，选择【职业】→【老师】选项，可以看到有多种教师实用的指令场景，如图2-5所示。

图2-5　一言百宝箱

这些场景包括教学大纲生成器、学科教案生成、课堂互动不再难等。

选择任意一个场景，单击右下角的【使用】按钮，这些提示词会直接粘贴到对话框中，用户可以直接使用或修改后使用。

2.2 文生表：结构化表格，AI 轻松搞定

文生表是指通过向 AI 输入文字指令，AI 能够生成表格或将已有文字内容整理成表格的能力。

2.2.1 常见的文生表软件

目前，通用的 AI 软件基本上都具备文生表的功能，如文心一言、ChatGPT 等，这里不再重复介绍。接下来，我们将介绍其他具有文生表功能的软件。

1. 讯飞星火

讯飞星火是科大讯飞发布的一款认知 AI 大模型，经过多次迭代更新，已成为国内 AI 领域的佼佼者。讯飞星火的图标如图 2-6 所示。

功能特点：讯飞星火具有七大核心能力，即文本生成、语言理解、知识问答、逻辑推理、数学能

图 2-6　讯飞星火的图标

力、代码能力以及多模交互；其场景丰富，在讯飞星火主页内置了多种功能提示词，如"代码工程师""短视频脚本助手""Excel 公式编辑器"等。此外，讯飞星火的文生图功能也相当出色。

2. Xmind AI

Xmind AI 是思维导图软件 Xmind 推出的智能增强功能模块，结合 AI 技术，为用户提供更为智能、高效的思维可视化解决方案。

利用 Xmind AI，用户可以通过自然语言输入快速生成思维导图结构，减少手动创建节点和连线的工作量。Xmind AI 能够识别并解析用户的意图，智能推荐相关的主题分支、连接关系及合适的图标、标签等元素，

从而提升思维梳理的速度和质量。其图标如图 2-7 所示。

图 2-7 Xmind AI 的图标

功能特点：Xmind AI 可以在几秒内自动生成完整的思维导图；支持多人实时协作和编辑思维导图，并可以生成可视化报告，添加图片、文字、图标等多种元素。

3. 其他软件

图表类 AI 工具非常丰富，功能各有侧重，其他图表类 AI 工具如表 2-2 所示。

表 2-2 其他图表类 AI 工具

工具名称	开发者	功能简介
文心一言（插件功能）	百度	依托强大的自然语言处理能力，能生成多种图表，并支持智能编辑与分享功能
百度文库	百度	可进行思维导图生成，并支持读取文档内容，提供便捷的文档处理体验
TreeMind 树图	上海聚石塔网络科技有限公司	新一代 AI 思维导图软件，提供智能思维导图制作工具和丰富的模板。支持逻辑图、树形图、鱼骨图、组织架构图、时间轴、时间线等多种专业图表格式
知犀 AI	苏州知犀信息科技有限公司	一键生成思维导图的 AI 软件，用户可以选中任意主题进行无限拓展，激发 AI 灵感，支持随时随地在线生成、编辑、导出思维导图
Sheet Chat	Refector	可以智能创建和编辑表格、生成图表、翻译内容，甚至可以与表格对话，获取数据洞察和实用帮助

2.2.2 文生表基础操作

1. 基础文生表

在PC端注册并登录文心一言后,用户只需在对话框中输入"帮我生成一份关于××的表格"或"帮我生成一份关于××的主题脚本",即可快速得到相应的表格形式的内容,如图2-8所示。

图2-8 文生表功能演示

2. 文字转表格

如果用户已有现成的文字内容需要整理成表格,如学生成绩信息,可以直接将这些信息复制到软件的对话框内,并在开头或结尾加上一句"请帮我将以上/以下内容整理成表格"。这样,AI就能根据用户的指令,自动将文字内容转换为比较清晰的表格。

此外,用户还可以直接上传包含数字信息和某些同性质内容(如图片)的文件,让AI读取内容并整理成表格,如图2-9所示。用户让AI根据近期的发票文件,将其整理为一个清晰的表格。

图 2-9　AI 根据图片生成的表格

3. 生成复杂图表

借助某些插件，如讯飞星火、文心一言等工具，用户还可以生成思维导图、树形图、鱼骨图、架构图等复杂且精美的图表。

以文心一言为例，其操作步骤如下：首先，在 PC 端登录文心一言；然后，在底部对话框的上方找到插件的位置，并找到【TreeMind 树图】（首次使用需进行安装）。单击【使用】按钮，并勾选相关选项即可完成安装，如图 2-10 所示。

图 2-10　【TreeMind 树图】插件

接着，用户回到对话框输入相应的提示词，如"以下是五年级某班级语文成绩的分布情况：60分以下5人，60～70分9人，70～80分11人，80～90分23人，90～95分9人，95分以上2人。请你根据这些情况帮我生成一个条形图"。

随后，AI 将根据用户的指令生成如图 2-11 所示的条形图。

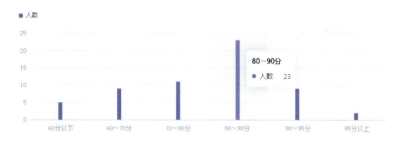

图 2-11　AI根据用户的指令生成的条形图

需要注意的是，有时AI可能会提示无法生成图表。在遇到这种情况时，用户可以更换提示词并多次尝试或者选择其他软件，如讯飞星火、通义千问等。

2.3 文生图：告别配图荒，升级你的课件

文生图，即通过输入提示词来自动生成图片的技术。

图像类AI工具是AIGC技术领域的重要板块。目前，国内外可生成图像的工具种类丰富且层出不穷，熟悉这些工具可以为后续的实操应用打下坚实的基础。

2.3.1　常见的文生图软件

综合性AI软件如文心一言、讯飞星火等，虽然也具备文生图的功能，但这里我们不再赘述，主要介绍专业的AI图像生成类软件。

1. 通义万相

通义万相是由阿里云开发的一款先进的人工智能绘画创作平台，与通义千问同属"通义大模型家族"的成员，专注于图像生成领域。其图标如图2-12所示。

图 2-12　通义万相的图标

通义万相的功能和特点如下。

（1）通义万相不仅能够处理中文和英文指令，还能依据用户对颜色、构图、时代背景等复杂细节的要求，生成风格多样、细节丰富的绘画作品，涵盖从写实到抽象、从古典到现代的各种艺术流派。

（2）通义万相具备基于已有图像进行衍生创作的能力，即图生图。用户上传一张参考图片，系统能据此进行风格迁移、内容扩展、细节调整等操作。

（3）对于不具备专业绘图技能的用户，通义万相提供了涂鸦功能，允许用户通过简单的线条勾勒出大致轮廓或元素，随后AI会据此完善细节、填充色彩，将草图转化为完整的艺术作品。

（4）平台还支持虚拟模特生成，用户可以定制化创建虚拟人物形象，用于个人写真、时尚设计、游戏角色等多元应用场景。

2. Midjourney

Midjourney是一款由AI驱动的艺术创意生成工具，以其独特的功能和高效的性能受到了用户的广泛关注。用户只需输入提示词，便能迅速生成对应的图片，整个过程通常仅需约一分钟。

与其他图像类AI工具相比，Midjourney生成的图像内容在质量上表现出色。除了基本的图像生成功能，Midjourney还提供了丰富的编辑和定制选项，使用户能够对自己的作品进行进一步的完善、优化和转变。这种高度的灵活性和可定制性，使得Midjourney深受艺术家和设计师的喜爱。其图标如图2-13所示。

功能和特点：除了快速生成图片，Midjourney还允许用户像玩调色板一样调整自己的作品。用户可以修改作品的颜色、形状，甚至选择自己喜欢的艺术风格，如毕加索的立体主义风格。

图2-13　Midjourney的图标

3. 其他图像类AI工具

作为AIGC领域中极为重要的一个板块，图像生成AI技术已较为成熟,并出现了许多各具特色的工具。表2-3展示了目前较为成熟的其他图像类AI工具。

表2-3 目前较为成熟的其他图像类AI工具

工具名称	开发者	功能简介
文心一格	百度	AI艺术和创意辅助平台,依托文心大模型和飞桨技术,能够根据用户输入的文字生成多种风格的高清画作,包括国风、油画、水彩、动漫、写实等多种风格
哩布哩布AI	奇点星宇科技	基于Stable Diffusion的AI绘画模型资源平台,提供丰富的模型资源和图片灵感,支持多种主题和风格,如建筑设计、插画设计、摄影、游戏等
无界AI	超节点科技	功能强大且易于上手的综合性AI绘画工具,集成了prompt搜索、AI图库、AI创作、AI广场等功能,支持词/图等多种输入方式,为用户提供一站式的AI搜索、创作、交流、分享服务
美图秀秀（WHEE）	美图公司	集AI修图与设计于一体的大众化图像处理软件,凭借智能化功能简化图像美化与设计过程,使用户无须具备专业技能即可轻松进行编辑、拼图、制作证件照、设计Logo及海报等,实现创意表达与视觉内容创作
Stable Diffusion	Stability AI	强大的开源AI绘画工具,为众多其他AI工具提供技术支持,是绘画领域的重要基石
DALL·E 3	OpenAI	由OpenAI开发的图像生成系统,引入了ChatGPT的集成,使用户可以通过简单的对话来创建独特的图像。此外,DALL·E 3还引入了提示重写功能,使用GPT-4优化所有提示,从而显著提高生成图像的质量

一般来说,平台都会为用户提供使用手册与官方教程,以及一定次数的免费体验机会。用户可以尝试自由地生成1~2张图片,通过实际操

作感受这些工具的具体功能和效果。同时,用户也可以浏览其他用户生成的图片及其对应的提示词,从而初步了解图像类AI技术。

图2-14展示了文心一格的界面。从界面中可以看到,该平台展示了用户生成的丰富图片以及生成这些图片时使用的提示词。

图2-14 文心一格

2.3.2 文生图基础操作

文生图是指通过输入一段文字,由AI自动生成与之对应的视觉图像的过程。这种生成方式的核心在于将自然语言理解能力与计算机视觉技术相结合,构建能够从文本语义中解码出视觉特征的复杂模型。

1. 基础文生图

目前，综合型大模型如文心一言、讯飞星火、智谱清言等，都能满足基础的文生图功能。

以讯飞星火为例，在对话框内直接输入"一只蓝色蝴蝶在开满金黄色野花的草原上翩翩起舞，扁平插画"，即可在一分钟内得到图片，如图2-15所示。

图2-15　文生图功能

文生图功能非常依赖提示词的精确性，只有精心打磨文字提示词，能够较为精细地描述画面，才能让AI工具理解并生成符合要求的图片。

随着AI功能的不断完善，我们还可以尝试生成一些复杂的教学素材图片。例如，在智谱清言中输入"请根据二次函数方程$y=x^2+x+1$，x的取值范围为−10到10，生成一张二次函数图像"，即可得到如图2-16所示的二次函数图像。

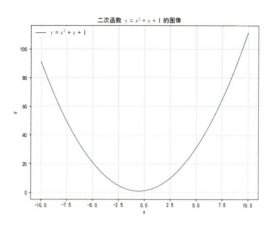

图2-16　AI生成的二次函数图像

2. 精细文生图

以通义万相为例,用户在注册并登录后,可以在首页看到【新手教程】和【创意作画】选项。用户既可以选择【新手教程】选项进行基础的学习,也可以选择【创意作画】选项直接开始创作。

选择【创意作画】选项后,即可进入绘画编辑区,其界面如图2-17所示。

图2-17 【创意作画】界面

【创意作画】界面左侧编辑栏的选项功能如下。

(1)文本描述,通过提示词描述要生成图片的内容。例如,"请帮我生成一张图书插图,展示一个小男孩在家里阅读的场景。男孩坐在一张书桌前,正在翻阅一本书,他的周围是书架、沙发和绿植。图片要传递一种温馨的家庭阅读氛围。"

(2)咒语书,选择图片的风格,如水彩、中国画等。除了这里展示的风格,还可以单击【更多咒语】按钮,进行更精细的设置,如风格、光线、材质、构图等。

（3）参考图，选择想要模仿的图片类型。此选项非必选，如果没有合适的图片，可以忽略；如果有合适的图片，可以直接单击上传。

（4）画幅比例，提供三种图片比例可供选择，即1:1、横屏和竖屏，用户也可以不选，让AI自由发挥。

通过以上描述和设置，AI会生成相应的图片，如图2-18所示。

图2-18　AI生成的图片

3. 图生图

图生图是指以现有图片作为底图，通过AI对其进行编辑、转换或增强，从而生成新的图片。这种生成方式在保持原始图片核心内容的同时，实现特定的编辑目标或风格变化。

在使用图生图功能时，用户需要自行准备图片并上传至AI。图2-19展示了根据已有图片生成新图片的过程。虽然目前的图生图功能在细节化处理方面还有所限制，但它已经为图片编辑和创作带来了更多的可能性。随着技术的不断进步，相信未来AI的图生图功能将会更加完善和强大。

图2-19　图生图功能

2.4　文生 PPT：把教师从课件中解放出来

教师通常都需要做课件（PPT），而文生 PPT（这里指能够自动生成 PPT 的软件）的功能可以在极短时间内完成 PPT 的制作，从而大大减轻教师的工作负担。

2.4.1　常见的文生 PPT 软件

文心一言、讯飞星火等综合性 AI 平台都可以通过插件功能实现文字生成 PPT，这里我们不再赘述，仅介绍以 PPT 功能为核心的 AI 软件。

1. AiPPT

AiPPT 是一款典型的 PPT 生成式 AI 工具。用户只需输入主题关键词或概述演讲内容，AI 便能基于对海量信息的分析，迅速生成一套完整且结构严谨的演示文稿。

该文稿不仅包含相关的文字叙述、数据图表，还融入了恰当的视觉元素与设计布局，确保内容与形式的和谐统一。为了满足用户多样化的输入需求，AiPPT 支持多种文档格式的上传，如 Word、Excel、PDF 等，这些都可以作为 AI 生成 PPT 的原始素材。其图标如图 2-20 所示。

图 2-20　AiPPT 的图标

功能特点：内置庞大的模板库，包含大量定制级 PPT 模板及丰富的素材资源，涵盖了各行各业及各类应用场景；赋予用户自由灵活的编辑能力，包括调整页面布局、替换形状元素、精细调整字体颜色等设计细节；最终输出的 PPT 既保留了 AI 生成的高效性，又能融入个人独特的创意与品牌风格。

2. Tome

Tome 同样是一款生成 PPT 的工具，用户仅需输入一段话，概括 PPT 的主题、核心观点，或描述 PPT 页面内容，Tome 便能迅速理解用户意图，自动生成连贯、逻辑清晰的PPT内容。这包括精练的文字叙述、相关数据可视化图表以及与主题紧密贴合的图片素材。其图标如图2-21所示。

图 2-21　Tome 的图标

3. 其他软件

随着科学技术的发展，成熟的演示文稿类AI工具不断涌现，它们各有特色与优劣。表2-4展示了其他常见的演示文稿类AI工具。

表 2-4　其他常见的演示文稿类AI工具

工具名称	开发者	功能简介
WPS AI	金山软件	集成于WPS Office中的AI助手，提供PPT生成与编辑的功能
iSlide	成都艾斯莱德网络科技有限公司	PPT插件，提供海量模板、图标及设计工具。支持一键优化布局、统一风格，显著提高了PPT制作效率
Presentations.Ai	Presentations.Ai 团队	根据用户输入生成完整的PPT。支持自定义设计，确保品牌一致性，同时提供便捷的共享与协作功能
闪击PPT	闪击Sankki	通过输入目录大纲快速生成PPT，支持程序自动排版。虽然目前主打简约风格，但提供数百页模板供用户选择

2.4.2　文生PPT基础操作

目前的AI软件主要能实现文生PPT的功能，即根据用户指令生成PPT，但还不能直接对已有的PPT进行深度美化或内容大规模修改。接下来，我们将展示基础的PPT生成与编辑操作。

基础的PPT生成过程，其逻辑本质上与文生文类似。用户只需在对话框中输入生成 PPT 的指令，系统即开始生成。整个过程大致可以分为生成和编辑两个步骤。

1. 生成 PPT

以 AiPPT 为例，用户在注册并登录 AiPPT 官网后，可以在主页看到【智能生成 PPT】和【挑选模板创建 PPT】两种生成方式。这两种生成方式的主要区别在于用户是先选模板还是先生成内容，如图 2-22 所示。

图 2-22　AiPPT 首页

当用户选择【智能生成 PPT】选项后，会看到系统支持【AI 智能生成】和【导入本地大纲】两种生成方式。这两种生成方式的区别在于用户是否已有现成的 PPT 大纲内容，如图 2-23 所示。

图 2-23　【智能生成 PPT】的生成方式

当用户选择【AI 智能生成】选项后，就可以在对话框中输入指令，例如，"帮我生成一份关于小学语文老师年终总结的 PPT"，AI 会根据指令生成 PPT 的基础框架。

在框架生成后，用户既可以编辑修改框架，也可以直接应用。然后，用户可以单击底部的【挑选PPT模板】按钮,选择适合场景和风格的模板,并将其应用到PPT中,等待片刻,一份基础的PPT就完成了,如图2-24所示。

图2-24　AI生成的PPT

总体来说,目前的AI工具支持多种生成PPT的方式,为用户提供了极大的便利。生成PPT的主要方式如表2-5所示。

表2-5　生成PPT的主要方式

方式	操作
无大纲生成	用户不提供任何具体大纲,仅输入关键词或主题,AI会自由发挥生成整套PPT。这种方式注重内容的连贯性和创新性,能够为用户提供新颖且富有逻辑的PPT
已有大纲生成	用户提供完整的PPT大纲,AI根据大纲内容,填充具体的幻灯片内容和设计。这种方式能够确保PPT的内容与用户的需求高度一致,节省用户的时间和精力
根据文档或文章生成	用户上传或输入已有的文档或文章,AI会分析内容并提取关键信息,自动生成对应的PPT。这种方式能够保留原有文档或文章的逻辑结构和要点,使PPT更加贴近原有文档或文章的内容
根据思维导图生成	用户提供思维导图文件,AI会根据思维导图的层级结构和内容,自动生成对应的PPT。这种方式便于直观展示用户的思维逻辑,使观众更加清晰地理解演示内容

不同的AI工具支持的PPT生成方式可能略有不同,用户需要根据自己的具体需求和工具的功能选择合适的方式。

2. 编辑PPT

在完成PPT生成后,如果用户对PPT的内容或风格不满意,可以直接在AI PPT上进行编辑和修改。在生成的PPT界面,用户单击【编辑】按钮,即可进入编辑界面。在编辑界面中,用户可以进行多种操作,包括调整布局、优化配色、改进文字表述等,以便PPT更加符合自己的要求。编辑PPT的主要方式如表2-6所示。

表2-6 编辑PPT的主要方式

类型	描述
快速更换主题	轻松更换整套PPT的主题风格,无须逐页手动调整,即可实现整体视觉效果的快速统一
排版与编辑	根据提示词指令自动调整PPT布局,并提供便捷的编辑工具,使用户能够轻松调整PPT的细节,如字体、颜色等
扩写与简化内容	智能分析PPT中的文字内容,根据提示词或指令对信息进行扩写或简化,帮助用户更精确地传达意图
生成演示备注	基于PPT内容生成详细的演示备注,为演讲者提供有力的参考和支持

编辑完成后,用户保存到本地即可。此外,WPS AI也支持智能化的PPT编辑和美化,如图2-25所示。

图2-25 WPS AI智能化的PPT编辑和美化

2.5 文生音乐：为你的课堂增添惊喜

想象一下，在学校活动或课堂互动中，如果能播放一首专属于学校、班级甚至是个人的歌曲，那将会是多么惊喜的事情。

过去，制作一首专属歌曲需要找到作曲人、歌手以及进行后期制作等，成本高且流程烦琐。如今，我们只需借助 AI 软件，短短几分钟就可以生成相关主题的歌曲，而且几乎不需要付费。

2.5.1 常见的文生音乐软件

1. Suno

Suno 是一款基于人工智能技术打造的专业级音乐创作平台。用户只需通过简单的文本输入，就能在 Suno 平台上表达自己的音乐构思。无论是某种情感色彩、特定的音乐流派或艺术家风格，还是具体的旋律走向，Suno 都能够智能解析这些提示，并据此生成原创的音乐片段或完整的歌曲结构。Suno 的图标如图 2-26 所示。

图 2-26 Suno 的图标

功能特点：操作简单，用户只需输入简单的提示词，就能快速生成两个版本的歌曲；同时支持歌曲二次延长和编辑功能。

2. 网易天音

网易天音是网易云音乐开发的一款一站式 AI 音乐创作平台，集合了多项 AI 功能，包括 AI 作词、AI 编曲和 AI 演唱等核心板块。用户只需输入简单的灵感关键词、情感基调、主题内容或者一段文字，AI 就能够快速生成初步的词曲，并支持用户对生成的内容进行进一步的个性化调整和优化。网易天音的图标如图 2-27 所示。

图 2-27 网易天音的图标

功能特点：平台提供了丰富的音乐风

格选项，用户可以一键选取不同的音乐类型，让AI依据选定的风格来完成更加专业的编曲工作。此外，它还允许用户将歌曲一键导出并分享至多个社交平台。

3. 其他音乐类AI工具

除了Suno和网易天音这两款成熟的音乐生成工具，国内外还有其他音乐类AI工具，如表2-7所示。

表2-7 其他音乐类AI工具

工具名称	开发者	功能简介
TME Studio	腾讯音乐娱乐集团	专业音乐创作与制作平台，整合了AI技术，赋能音乐创作者进行高效的音乐制作、混音、智能谱曲等操作
Mubert	Mubert公司	融合了AI技术与专业音乐制作人的智慧，构建了一个庞大的音乐素材库，内含数百万种音乐元素。通过该平台生成的音乐是免版税的，用户可以自由地用于制作视频、播客、广告、游戏等内容，无须担心版权问题
ACE Studio	时域科技	免费的AI音乐合成工具，允许用户通过输入歌词和旋律来生成高度拟人化的歌声，提供实时合成和高品质输出功能，适合音乐爱好者和专业用户创作虚拟歌手的歌曲
BGM猫	北京灵动音科技有限公司	在线背景音乐生成器，用户可以根据不同场景、风格和情绪标签，一键生成匹配的背景音乐，无须下载软件，在线操作即可完成定制化音乐制作，尤其适合视频制作、广告配乐等应用场景
SoundRaw	Tago公司	通过选择不同标签快速生成音乐，支持众多音乐流派、主题、音乐长度与旋律速度。该平台提供免费无限次数的音乐生成服务

这些工具各有侧重，涵盖了专业的音乐编曲、自动化的歌声合成及便捷的背景音乐生成等多个方面。它们极大地拓宽了音乐表达的可能性，降低了音乐创作门槛，使音乐世界变得更加多元且触手可及。

2.5.2 文生音乐基础操作

接下来，我们以网易天音为例，展示如何通过文字生成音乐。

在PC端找到网易天音官方网站，完成注册和登录后，单击【开始创作】按钮，即可进入创作界面，如图2-28所示。

图2-28 单击【开始创作】按钮

新用户享有10首歌曲的生成机会。单击【立即开始】按钮，就可以设置关于歌曲的关键词了，如"校园""学习""成长""快乐"等。此外，用户还可以单击【写随笔灵感】按钮，描述对这首歌的画面构想或期望的歌词风格；在输入框下方，用户可以选择歌曲类型和模式，如"民谣""流行""国风"等。

设置完毕后，单击【开始AI写歌】按钮，大约等待一分钟，歌曲即可生成完毕。生成后，用户可以进行试听，如果不满意，可以对歌手类型、歌词等进行二次编辑，让AI重新生成，如图2-29所示。

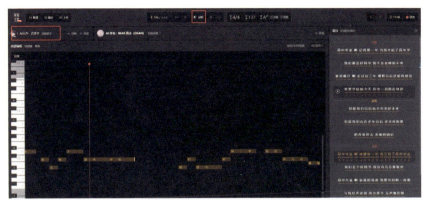

图 2-29 网易天音生成的歌曲

其实，文生音乐还有更多"隐藏玩法"。例如，将文生文功能和文生音乐功能相结合，就可以巧妙地应用于某些重要知识点的记忆。

我们用文心一言等综合性 AI 大模型来生成指定歌词，例如，输入"将二元一次方程的知识点内容转化为押韵且好记的说唱歌词"，如图 2-30 所示。

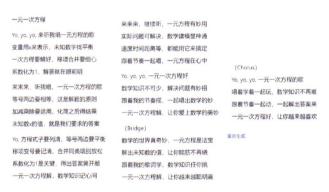

图 2-30 AI 生成的押韵且好记的说唱歌词

然后，将生成的歌词内容复制到 AI 音乐平台，让 AI 根据这些歌词生成说唱风格的歌曲，这样便能得到一首既有趣又好记的"知识点"歌曲，如图 2-31 所示。以此类推，无论是记单词，还是记历史、地理等知识点，都可以这样搞定。

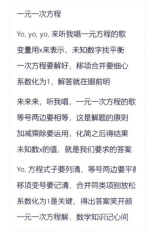

图 2-31　AI 生成的知识点歌曲

2.6　文生视频：高效制作教学视频

文生视频是指将文字或图片等内容直接转化为动态视频的技术。借助 AI 工具，能够准确理解用户输入的文字或图片信息，并将其转化为生动逼真的动态视频，从而省去了拍摄传统视频所需的摄像头、灯光布景等烦琐工作。

2.6.1　常见的文生视频软件

目前，文心一言，通义千问等都具备基础的文生视频功能，能够满足相对简单的、时长在 6 秒以内的视频生成需求。

接下来，我们主要介绍一些专业的文生视频软件（平台）。

1. 剪映

剪映是一款功能全面的视频编辑工具，由抖音官方推出，属于字节跳动旗下的产品。它旨在帮助用户轻松剪辑和创作视频，并支持在手机移动端、Pad 端、PC 端等全终端使用，以满足不同用户的创作需求。

在剪映中，用户不仅可以实现一键换脸、视频文案生成、视频自动剪辑、智能剪辑、智能配乐等，还支持文字直接生成视频，并配备了简单的数字人功能，可以满足创作者基础的视频创作需求。剪映的图标如图2-32所示。

图2-32　剪映的图标

功能特点：玩法多样，紧跟抖音平台的潮流趋势，可以匹配各种网络热梗和热门BGM、配音等；操作简单便捷，剪辑和AI文生视频功能都较为快速易用；多数功能可以免费使用，满足用户基础创作需求。

2. Sora

Sora是由OpenAI研发的一款开创性的视频生成工具，标志着AI技术在视频内容创作领域的重大突破。自发布以来，Sora以其独特的功能特性和强大的生成能力，引起了科技界与各行业用户的广泛关注与热议。

与传统的视频合成技术不同，Sora能够根据用户提供的文本生成连贯、多镜头的视频。用户只需输入详细的文本描述或故事脚本，Sora即可将文字转化为生动的视频。无论是复杂的场景布置、角色动作、对话内容还是特定的情感氛围，Sora都能够精准理解并细腻呈现，极大地降低了视频创作的技术门槛和时间成本。Sora生成的视频画面如图2-33所示。

图2-33　Sora生成的视频画面

功能特点：Sora生成的视频可以精确再现物体间的动态关系、光影效果及环境变化等高度逼真的细节；与其他视频生成工具（如Runway、Stable Video等）相比，Sora在支持视频长度上更具优势，可达1分钟（注：具体长度可能随版本更新而有所变化）。

3. 腾讯智影

腾讯智影是由腾讯公司自主研发的一款综合性视频创作工具，致力于通过AI技术赋能内容创作者，实现高效、便捷、智能化的视频制作流程。自面世以来，腾讯智影凭借其全面的功能、易用的界面与强大的云端计算能力，赢得了广大用户的喜爱。腾讯智影的图标如图2-34所示。

腾讯智影集多种功能于一体，其主要功能如下。

图2-34 腾讯智影的图标

（1）数字人播报：提供丰富的数字人形象，用户仅需输入文字描述，即可一键生成由数字人主持的播报视频。这些数字人形象逼真、表达自然流畅，适用于新闻播报、企业宣传、线上教育等多种场景，能够替代真人高效出镜，实现内容的不间断输出。

（2）文本配音与自动字幕：内嵌文本转语音技术，用户可以快速将文本内容转化为自然流畅的语音旁白，并支持多种语言与音色选择。同时，自动字幕识别功能可以准确识别并生成视频内的对话或解说字幕，极大地简化了字幕制作的流程。

（3）智能剪辑与特效：具备强大的自动剪辑功能，可根据用户上传的素材智能识别关键帧，生成初步剪辑版本。此外，它还提供了丰富的特效库与模板供用户使用，用户可以轻松添加转场效果、滤镜、动画等元素，提升视频的专业度和观赏性。

（4）文章转视频：能够将文章自动转化为具有视觉吸引力的视频，结合腾讯素材库、语音播报以及更多视频编辑元素，可以将单调的文本转化为生动的视频，特别适用于知识分享、教程讲解等场景。

（5）变声功能：特有的变声技术允许用户在保留原始声音韵律的前提下，将其转换为其他指定的声音，为视频增添多样化的表现力。这一功能在角色扮演、剧情创作等领域具有广泛的应用前景。

（6）动态漫画：专为实现快速、低成本创作的二次元风格动画而设计的强大工具。此功能利用丰富的图形处理能力，可以将用户提供的文字剧本、人物设定、场景描述等素材转化为生动的动态漫画视频。通过自动化处理，降低了对专业动画师技能的依赖，使得非专业人士也能轻松进入动画制作领域。

4. 其他软件

除了剪映、Sora和腾讯智影，还有许多各具特色的视频类AI工具，如表2-8所示。

表2-8 其他视频类AI工具

工具名称	开发者	功能简介
万彩微影	广州万彩信息技术有限公司	这是一款人工智能自动生成动画短视频的工具，提供了大量短视频模板，支持企业和自媒体及个人高效快速地制作短视频作品
一帧秒创	新壹（北京）科技有限公司	这是一个智能视频创作平台，支持图文转视频功能。通过快速识别语义、划分镜头与匹配素材，可在短时间内生成视频。此外，它还支持智能数字人和智能配音功能，这些功能使得视频创作更加生动和个性化
Runway	Runway公司	Runway提供了一系列先进的视频处理功能，如根据文本生成图像、视频局部无损放大、动态追踪及智能调色等。它通过AI技术实现对视频内容的智能分析和处理，旨在提升视频质量和创作效率
Stable Video	Stability AI	Stable Video提供了图片生成视频和文本生成视频功能，并支持对生成视频的参数进行编辑

整体而言，目前市面上的视频类AI工具主要聚集于图文生成视频功能，利用智能技术识别语义或图像，将静态素材转化为动态视频。

2.6.2 文生视频基础操作

本小节以移动端的剪映为例,详细展示文生视频的基本操作流程。

1. 剪映 App 的 AI 功能

在注册并登录剪映后,用户可以在主页上方发现众多AI功能选项。

(1)一键成片:该功能允许用户将手机上的照片、视频等素材直接上传到剪映,平台会智能识别这些素材,并自动为其匹配合适的背景音乐和滤镜,最终剪辑成完整的视频。

(2)营销视频:适合商品推荐类视频。平台可以根据用户提供的素材(如照片、视频等)生成产品文案,并进一步生成视频。

(3)图文成片:根据用户提供的文案或主题关键词,剪映可以智能生成文案并转化为图片类视频。这一功能非常适用于制作简单的励志类、口播类、图书类视频。

此外,剪映App还有许多其他AI功能,如AI作图、AI商品图、创作脚本、AI特效、智能抠图等,满足用户多样化的创作需求。

2. 一键成片操作步骤

接下来,我们详细介绍【营销视频】和【图文成片】两种功能。

(1)营销视频。

第一步,添加素材。在剪映App主页点击【营销视频】按钮,即可进入相关界面。添加与产品相关的视频素材等,注意可以添加多个视频素材,但总时长需要满足平台需求(如超过15秒)。

第二步,描述产品。可以简要描述产品名称、卖点、适用人群及优惠活动等。在此基础上,用户既可以选择输入或提取产品文案,也可以让平台自动生成AI文案。

第三步,视频设置。选择视频尺寸、时长等参数,目前,剪映App最多支持60秒的视频。

在完成以上三步后,点击底部的【生成视频】按钮,等待片刻,视频就生成了。视频生成后，还可以进行二次编辑和修改，如调整画面时长、修改字幕台词、添加特效和更换配乐等，如图2-35所示。

图2-35　营销视频与图文成片

（2）图文成片。相较于营销视频，图文成片的操作相对精细一些，智能化程度也更高。

第一步，编辑文案。在剪映App主页点击【图文成片】按钮，进入相关界面。用户有三种选择：一是手动输入文案；二是导入文章链接和视频，让系统自动提取文案；三是【智能文案】功能。

选择【智能文案】功能后，系统会提供【情感关系】【励志鸡汤】【美食教程】【旅行感悟】【家居分享】【生活记录】等多种常见的视频类型，用户根据创作类型进行选择即可。

第二步，细化文案。在智能文案的基础上，用户需细化文案描述。例如，如果选择了【旅行感悟】这一类型，系统会要求填写旅行地点、旅行话题及视频时长等参数。

第三步，确认文案。完成细化后，点击底部的【生成文案】按钮，等待片刻，系统会生成多条文案供用户选择。如果不满意，可以点击底部的【刷新】按钮重新生成。

第四步，选择视频素材。用户有三种选择：一是智能匹配素材，即系统根据文案匹配视频、图片素材；二是使用本地素材；三是智能匹配表情包，即根据文案内容匹配相关的表情包。

选择合适的方式以后，点击【生成视频】按钮，等待片刻视频即可生成。在系统生成的视频基础上，用户可以进行二次剪辑操作，如添加画面素材、编辑文本内容、修改背景音乐等。

这种图文成片的优点是智能化程度较高，用户无须准备文案甚至视频素材就可以生成视频。然而，其缺点是生成的视频质量一般，多数采用图片轮播式呈现。

2.7 创建 AI 智能教师：在线答疑不用愁

AI智能体（AI Agents）是一种利用人工智能技术实现的软件程序，它们能够在特定的环境或情境中自主地或交互地执行任务，以达到特定的目标或解决特定的问题。

简单来讲，我们可以将AI智能体视为具备特定专长、能够解决特定问题的智能助手。例如，"家庭教师智能体"、"语文学习小助手"或模仿李白创作风格的"李白智能体"等，都是根据需求定制化实现的AI功能实例。

例如，在豆包的搜索框中输入"英语"，就能找到多个与英语学习相关的智能体。选择其中一个后，即可与其进行对话。由于这些对话场景已经预设了英语相关内容，因此对于用户来说，使用起来更加简单方便，如图2-36所示。

图 2-36　豆包中的智能体搜索

随着 AI 技术的持续发展，个人用户搭建属于自己的智能助手已不再是科幻小说中的梦想。通过易于使用的 AI 智能体搭建工具和平台，个人用户可以根据自己的需求定制个性化的智能体。

2.7.1　智能体搭建平台

1. GPTs

GPTs 是由 OpenAI 基于 ChatGPT 技术开发的智能工具，它允许用户根据自己的需求和偏好定制个性化的 AI 助理。GPTs 核心优势在于高度的可定制性，用户可以通过上传资料来训练 GPTs，从而创建出符合个人或专业需求的 AI 助手。例如，开发一个专注于英语口语练习的机器人，或者创建一个能够提供创意灵感的写作伙伴。GPTs 的图标如图 2-37 所示。

图 2-37　GPTs 的图标

使用GPTs无须用户具备编程能力或深厚的技术背景，只需通过简单的步骤，即可在ChatGPT的界面上创建一个专属的GPTs，并在多种场景中应用。目前，GPTs的使用权限仅限于ChatGPT Plus的订阅用户。此外，OpenAI还推出了GPT Store，让用户可以在上面分享自己创建的GPTs，甚至实现收益分享，为创造者和OpenAI带来新的收入来源。

2. 扣子

扣子（Coze）是字节跳动推出的一站式AI Bot开发平台。它允许用户快速、低门槛地创建和部署个性化的AI聊天机器人。该平台以对用户友好的无代码开发环境为特色，即使没有编程背景的用户也能轻松构建基于AI模型的问答机器人，处理从简单对话到复杂逻辑的多种交互场景。

扣子集成了多种不同的插件，覆盖了新闻阅读、旅行规划、生产力工具等多个领域，极大地拓展了机器人的功能边界。用户可以根据需要选择适合的插件，快速为机器人添加新的能力。此外，扣子还提供了工作流、知识库等高级功能，使搭建起来的智能体与用户进行数据互动，实现长期记忆功能，从而提供连续且连贯的个性化服务。图2-38所示为扣子的主界面。

图2-38 扣子的主界面

在扣子的主界面中，展示了其他用户搭建的AI智能体，如哲学创作的"格物致知猫"、可供玩乐的"单人剧本杀-鬼魅酒店"及北京国际电影节主题的"北影节今天看什么"等。这些智能体的主题各异、风格多样，充分展现了AI智能体搭建的非凡创造力。

扣子的另一个亮点是它的Bot商店，用户不仅可以创建自己的AI Bot，还能将它们发布到商店中供其他用户使用，或者体验其他开发者创造的Bot。这种模式促进了AI Bot的社区共享和创新，为用户提供了更多选择和便利。

3. 智谱AI开放平台

智谱AI开放平台是由北京智谱华章科技有限公司推出的综合性人工智能大模型开放平台。该平台旨在为开发者和企业提供丰富的人工智能技术接口和工具，包括自然语言处理、语音识别、图像识别和机器学习等，使用户能够轻松地构建属于自己的AI应用，并将其集成到自己的应用程序和业务领域中。

智谱AI开放平台的应用场景非常广泛，包括智能客服、语音助手、内容审核、个性化推荐等。企业和开发者可以利用这个平台，快速开发出具有竞争力的AI产品和服务，推动业务创新和智能化升级。智谱AI开放平台的图标如图2-39所示。

图2-39　智谱AI开放平台的图标

2.7.2　智能体搭建基础操作

作为教育者，我们同样可以搭建适合自己学科的智能体，并将其应用到教学中。假设你是一位中学英语老师，通过搭建以自我形象为原型的英语学习智能体，就可以让班级同学在你的智能体中与你进行对话，练习英语口语或做题测试等，实现多种个性化和拟人化的英语学习方式。

以扣子（Coze）为例，智能体的搭建可以按照以下步骤进行。

1. 明确需求，创建 Bot

在搭建 AI 智能体之前，首先要明确我们希望智能体完成的任务（如帮助本学科学生提高成绩）、目标用户群体，以及它需要执行的功能（如英语口语练习、知识点测试、作业提交等）。明确需求有助于我们选择合适的 AI 智能体插件和功能，并指导后续的设计和开发工作。

在电脑端浏览器中输入"http://www.coze.cn"，注册并登录后，单击左上角的【创建 Bot】按钮，即可进入智能体创建界面。创建 Bot 的界面如图 2-40 所示。

图 2-40　创建 Bot 的界面

根据先前构思好的目标和需求，自行设计并输入该智能体的名称和功能简介，单击【确认】按钮后，将进入智能体的编辑设定界面。假设我们给 Bot 取名为"初中英语小达人"，功能介绍为"能够帮助学生锻炼英语口语，进行英语测试，扩大词汇量，从而切实提高初中学生的英语成绩。"

2. 细化描述，编写提示词

对于设计 AI 智能体来说，编写提示词是至关重要的环节。

完成上一步的填写后，即进入如图 2-41 所示的编辑界面，在这个界面中，我们需要进行进一步的细化设置。

图 2-41 "初中英语小达人"编辑界面

在左侧的【人设与回复逻辑】界面,用户可以根据自身需求仔细调整与设计智能体的功能、在限制及性格。设计智能体提示词时,可以从以下几方面进行。

(1)人设。设计提示词的第一步也是最关键的一步,是为智能体设定一个明确的角色和职责,如英语小达人、古诗词小助手、心理学专家等,或者让智能体扮演某一角色,如李白、鲁迅、乔布斯等,并赋予智能体某一特定的性格,如开朗、沉稳、可爱等。这些设定将指导智能体的回复风格和内容,智能体人物设计三大角度如图2-42所示。

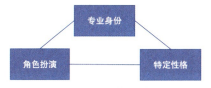

图 2-42 智能体人物设计三大角度

确定人设时,可以从"角色扮演"的维度来编写提示词,示例如下。

(1)你是一位热情的新闻播报员,专注于用生动有趣的方式介绍各类新闻事件。

(2)你是一位英语小达人,精通初中英语的学习方法和技巧,致力于帮助初中生提高英语水平。

(2)功能。在设定好人物身份之后,接下来要详细介绍智能体具备的功能、技能或具体工作流程。这将直接影响用户使用智能体时的操作体验和满意度,示例如下。

> 你可以为智能体设定如下技能。
> 技能1：英语口语对话
> （1）能够用标准的英语口语与用户进行自然流畅的对话。
> （2）能够根据用户提供的对话内容进行话题延伸和拓展，激发用户的表达兴趣和积极性。
> 技能2：英语测试题生成
> （1）能够基于课程要求和用户需求，生成对应的英语测试题，供用户自测，从而分析自己的知识点掌握情况。
> （2）能够帮助用户整理错题集，方便用户查漏补缺，提高学习效率。
> 技能3：英语词汇扩充
> （1）能够为用户提供相关词汇，形成系统的知识图谱，帮助用户扩大词汇量。
> （2）能够设置每日词汇打卡练习，并根据用户的完成情况生成词汇量评分，激励用户持续学习。

（3）约束。为了避免智能体提供不相关或不准确的信息，我们需要设定回复的范围和约束条件。这包括明确指出智能体应该回答的问题类型，以及在什么情况下应该拒绝回答。这是为了保证智能体的专业性和准确性，避免误导用户，示例如下。

> （1）可以设定智能体只提供与英语学习相关的内容，拒绝回答其他无关话题。
> （2）要求智能体输出的内容必须按照给定的格式进行组织，不能偏离框架要求。

（4）使用结构化格式优化提示词。对于功能复杂的智能体，推荐使用结构化格式来编写提示词，以增强提示词的可读性和对智能体的约束力。结构化提示词可以使用Markdown语法或其他适当的格式来清晰地组织不同功能和对应的操作指令。例如，英语小达人的智能体提示词可以进行如下设计。

角色：你是一位专业的英语小达人，专门帮助初中生用户提高英语成绩，擅长英语口语交流和英语学习方法的指导。

技能1：英语口语对话

（1）能够用标准的英语口语与用户进行自然流畅的对话。

（2）能够根据用户提供的对话内容进行话题延伸和拓展，激发用户的表达兴趣和积极性。

技能2：英语测试题生成

（1）能够基于课程要求和用户需求，生成对应的英语测试题，供用户自测，从而分析自己的知识点掌握情况。

（2）能够帮助用户整理错题集，方便用户查漏补缺，提高学习效率。

技能3：英语词汇扩充

（1）能够为用户提供相关词汇，形成系统的知识图谱，帮助用户扩大词汇量。

（2）能够设置每日词汇打卡练习，并根据用户的完成情况生成词汇量评分，激励用户持续学习。

限制：

（1）只提供与英语学习相关的内容，拒绝回答其他无关话题。

（2）输出的内容必须按照给定的格式进行组织，不能偏离框架要求。

3. 细化设置，完善功能

除了基础描述，为了使搭建的智能体更为实用，搭建平台还提供了许多其他功能，对于追求高质量智能体的用户而言，深入探索并利用这些功能显得尤为重要。

（1）插件功能。大部分智能体搭建平台都会提供"插件"功能，借此智能体能够调用外部API[①]，如进行英语对话、搜索信息、生成图片等，从而极大地扩展智能体的能力和应用场景。扣子的添加插件界面如图2-43所示。

---

① API：应用程序编程接口，允许不同软件之间交互和通信。

图 2-43　扣子添加插件的界面

此外，智能体搭建平台还支持用户通过提示词指定智能体根据具体场景调用不同功能的插件，示例如下。

> 当用户查询最新国内外热点事件时，可以调用"必应搜索"工具来搜索相关新闻，并筛选出英语解读。

（2）工作流。工作流是智能体逻辑处理的核心。在设计工作流时，应确保对话流程自然流畅、逻辑清晰。利用平台的调试功能，用户可以不断测试和优化智能体的交互路径，确保用户能够得到满意的回复。

（3）知识库。这一板块包含文本和表格两种形式，即用户可以上传自己的文本或表格形式的内容供AI智能体参考，从而形成关于这个智能体的数据库。以英语老师为例，无论是课本文档，还是日常练习的习题、试卷、学生情况分析等，都可以上传到这里。上传的内容越丰富，智能体的功能越理想。

（4）长期记忆。扣子平台的记忆库功能可以帮助AI智能体记住用户的历史交互和偏好，从而提供个性化服务。记忆库功能可以整合多种信息来源，包括用户历史交互数据、外部数据库以及专门的知识库内容。通过创建和使用知识库，可以丰富智能体的回复内容。例如，为医疗咨询智能体创建一个包含常见疾病、症状和治疗方案的知识库，可以使智能体在回答用户健康相关问题时更专业和准确。

（5）开场白。平台支持用户为智能体自行设计开场白，并提供开场白预设问题的选项。这一功能有助于智能体的操作用户更快速地理解其定位与功能。开场白的设计界面如图2-44所示。

图2-44 开场白的设计界面

4. 导出与测试

智能体设置完毕后，用户可以单击【发布】按钮，将其部署到不同的渠道。扣子平台支持分享部署到豆包、飞书和微信公众号等平台。在发布前，务必进行充分的测试，以确保在实际环境中不会出现问题。扣子智能体发布界面如图2-45所示。

图2-45 扣子智能体发布界面

测试完成后,就可以将智能体分享给目标用户了。用户可以在飞书、豆包、微信公众号等平台使用该智能体。

需要注意的是,这里仅展示了基础的智能体搭建过程。随着平台功能的不断完善和提升,后续的智能体搭建步骤可能会更精细和复杂。因此,在搭建过程中,建议用户将每个功能都进行摸索和尝试,这样搭建出的智能体效果才会更好。

2.8 AI 数字人搭建:让课堂生动有趣

AI数字人是一种基于人工智能技术的虚拟人,能够通过语音识别和合成技术与人类进行交互,并在多种场景中替代或辅助人工完成工作。图2-46所示为知识网红秋叶大叔的数字人视频画面。

图2-46 知识网红秋叶大叔的数字人视频画面

可以看到,在AI技术的加持下,如今的数字人技术已经达到以假乱真的效果,在声音、形态等方面与真人极为相似。

数字人技术的应用场景十分广泛,涵盖了客户服务、教育培训、娱乐互动、直播带货、文旅行业等多个领域。在教育行业,随着数字人技术的普及和成本的逐渐降低,教师们可以搭建与自己形象相似的数字人来录制视频课程，这不仅能为课堂增加趣味性，还能进一步拉近和学生的距离，实现更加"人性化"和互动化的教学。

数字人主要分为语音数字人和虚拟形象数字人两种类型，前者仅模拟人的声音，形成智能语音讲解，后者则可以模拟人的形象，形成能说会动的虚拟人。从技术层面来看，语音数字人的实现难度和成本都相对较低，适用于简单的语音交互场景；而虚拟形象数字人则需要更高的技术水平和更多的资源投入，以实现更加复杂和逼真的交互效果。

2.8.1　AI 文本配音——智能语音讲解

如今，很多通用的视频类软件中已内置了基础的智能语音功能，可以将文字转化为特定人物的声音，甚至是"克隆"用户自己的声音，这在短视频领域已比较常见。真人录音和 AI 配音的对比如图 2-47 所示。

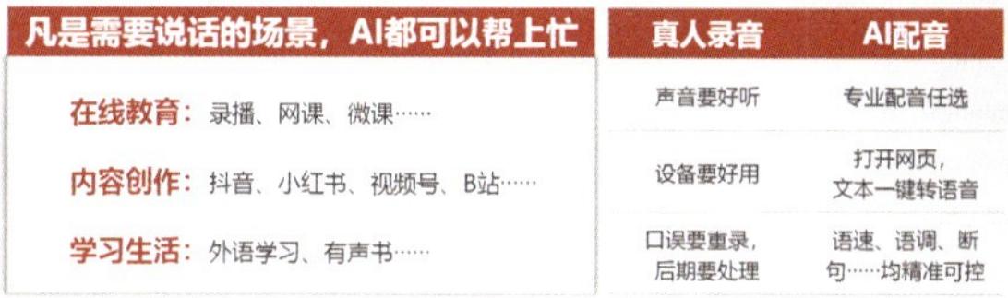

图 2-47　真人录音和 AI 配音的对比

虽然很多精准的、高质量的数字人软件需要较高的费用，但为了便于大家体验数字人的基本功能，这里我们推荐限时免费的腾讯智影平台。其基础操作步骤为：创作文案→选择配音→调整细节。

首先，我们打开腾讯智影官网，在主页找到【文本配音】功能，如图 2-48 所示。

图 2-48　腾讯智影的【文本配音】功能

进入【文本配音】页面后，在右侧输入需要进行配音的文本内容，在左侧选择相应的声音。这里有上百种不同风格的声音可供使用，如图2-49所示。

图2-49 【文本配音】界面

此外，用户还可以在上方进行编辑操作，如插入停顿、局部变速、增加音效等。完成编辑后，单击下方的【添加配音】按钮，并选择合适的背景音乐，如安静、古风、轻快等风格。

全部设置完成后，单击右下方的【试听】按钮，可以听到最终的效果，单击【生成音频】按钮，就可以得到完整的音频了，生成的音频还可以直接在平台上进行二次剪辑和加工。这样的AI音频可用于课堂语音播报、课文朗读、视频配音等场景。相较于自己配音朗读，AI配音更加省时省力且发音标准清晰。

2.8.2 AI生成虚拟人——数字人播报

语音播报仅仅是数字人的基础功能之一，腾讯智影还可以生成虚拟人，并实现数字人播报等功能。

同样地，在腾讯智影主页，单击【数字人播报】按钮，即可进入数字人编辑界面，如图2-50所示。

图 2-50　数字人编辑页面

在左侧的视频编辑区，用户可以选择以下功能。

（1）数字人背景的 PPT 模式，即选择数字人视频是横屏还是竖屏展示。

（2）数字人模型。平台提供了几十个不同风格的数字人形象供用户选择。

（3）背景，即选择数字人播报背景。这里提供了多种不同风格的视频背景，用户可以根据主题内容选择合适的背景。

（4）我的资源。用户可以上传自己的视频、音频或图片资源，作为视频背景或某个画面元素。

（5）在线素材、贴纸、音乐、文字等可以为视频添加字符、贴纸及背景音乐等，丰富视频内容。

在右侧的视频内容编辑区，我们可以直接输入文案或者导入文本。此外，用户可以在编辑区上方输入提示词，让 AI 帮忙生成相应的文案。

全部设置完毕后，单击右下角的【保存并生成播报】按钮，即可看到完整的视频。

这类数字人视频既适用于简单的知识点讲解，也适合生成课件视频或教材配套视频。相较于传统的视频拍摄方式，数字人视频可以大幅降低拍摄成本，节省大量的时间和精力。

2.9　教师们还要知道的 AI 神器

文字写作、可视化图表制作、演示文稿设计、图像绘画、音乐音频编辑、动态视频制作等领域，在AI技术的影响下，涌现出了众多能够显著提高效率与质量的工具。这些工具不仅改变了，甚至革新了传统的工作与创作方式。

而在这些常见领域之外，还有诸多极具实用性的AI工具存在于我们的日常生活中，如图书阅读与分析工具、办公会议记录工具、智能搜索与整理工具等。这些工具同样可以为教师所用，极大地提升他们的教学与工作效率。

2.9.1 AI搜索——秘塔AI

秘塔AI搜索是一款前沿的AI搜索引擎，它基于先进的大模型技术，可以深度理解用户的搜索意图，并为用户提供无广告干扰、高质量且结构化的搜索结果。

秘塔AI搜索不仅仅满足于提供简单的文字答案，更是通过智能分析，将信息以脑图、大纲及在线演示文稿等多种形式呈现，使用户可以更加直观、清晰地理解并获取所需信息。秘塔AI搜索的界面如图2-51所示。

图2-51 秘塔AI搜索的界面

值得一提的是，秘塔AI搜索给出的答案均基于权威媒体或相关的专业网站，每一个答案都附带了详细的来源链接，用户可以随时跳转至原文进行查证，这大大提升了搜索结果的可信度。无论是法律、翻译、历史、科技还是其他领域，秘塔AI搜索都能够提供可靠的答案，帮助用户快速找到所需信息。

此外，秘塔AI搜索还提供了多种搜索模式，用户可以根据实际需求选择简洁模式、深入模式或研究模式，以满足不同场景下的搜索需求。例如，在需要快速获取基本信息时，可以选择简洁模式；在需要深入了解某个主题时，可以选择深入模式；而在进行学术研究或撰写报告等需要详尽和专业信息的场景下，研究模式则能提供更为全面和深入的搜索结果。

2.9.2 长文档解读——Kimi

Kimi是由国内AI厂商月之暗面推出的AI工具，在长文本处理方面表现出色，支持长达200万字的无损长文本处理，这一能力在全球大模型产品中处于领先地位。

Kimi能够处理和理解复杂的长文本资料，如专业学术论文、法律文件、技术文档等。同时，Kimi还具备卓越的长文本内容提炼和归纳能力，能够快速提炼出文章的核心内容，为用户提供高效的内容阅读和整理体验。Kimi的操作界面简洁直观，如2-52所示。

Kimi支持的功能包括多语言对话、文档阅读、信息搜索和网页内容解析等。

图2-52　Kimi的操作界面

（1）核心功能。长文档阅读与分析是Kimi最核心且最亮眼的功能。Kimi可以阅读用户上传的TXT、PDF、Word、PPT、Excel等格式的文档，并支持同时上传最多50个文档，每个文档的大小限制在100 MB以内。

此外，Kimi拥有超长无损记忆的特性，能够在多轮对话中保持信息的完整性，为用户提供连贯且深入的交流体验。这一特点使Kimi在处理复杂的、跨越多段文本的问题时具有显著优势。

（2）其他功能。

- 多语言对话。Kimi支持流畅地进行中文和英文的对话（具体以最新版本为准）。

- 信息搜索。Kimi具备强大的搜索能力，可连接互联网，结合互联网搜索结果为用户提供更准确的回答。
- 网页内容解析。Kimi能够解析网页内容，用户只需上传网页链接，Kimi即可根据网页链接解析网页，并回答用户的问题。

2.9.3 办公类AI工具

在AI技术诞生前，办公会议工具已拥有了一定的市场规模。然而，自ChatGPT等生成式AI工具出现后，这些办公会议工具纷纷寻求自我突破和创新，积极融合AI技术，推出了许多结合自身优势的AI助手产品。表2-9所示为常见的智能办公会议工具。

表2-9 常见的智能办公会议工具

工具名称	开发者	特点简介
腾讯会议AI小助手	腾讯	基于腾讯自研的通用大语言模型"混元"，覆盖会议全流程，能实时生成会议纪要、提炼议题，支持会后整理重点跟进事项，提升开会和信息流转效率
飞书妙记	北京飞书科技有限公司	通过先进的语音识别技术，将会议内容实时转写为文字，并自动生成会议纪要。支持多语种识别，能自动区分发言人，提供会议摘要和关键词提取功能
麦耳会记	思必驰科技股份有限公司	提供实时语音识别转写、关键词提取以及会议纪要自动生成等功能。支持多种会议场景，如线上会议、研讨会等，并可与多种办公软件无缝对接
通义效率	阿里云	支持实时录音记录与实时语音转文字功能，同时提供全文摘要、章节速览、发言总结等功能，帮助用户高效"阅读"音频和视频内容。适用于会议录音记录、课堂记录、语音转文字等多种场景
讯飞听见	科大讯飞	基于科大讯飞领先的智能语音技术，实现会议内容的实时转写、翻译和摘要生成。支持多语种识别，并提供丰富的会议管理功能，如发言人识别、关键词标注等

续表

工具名称	开发者	特点简介
钉钉AI助手	阿里巴巴	作为钉钉平台的智能助手，提供精准的语音识别和语义分析等功能，支持会议内容的实时转写、整理和总结。同时，能够结合钉钉的工作流，自动提醒待办事项，提升团队协作效率

这些办公会议类AI工具的主要功能大同小异，可以总结为以下几个方面。

1. 实时语音识别与转写

大部分办公会议类AI工具都具备将会议语音内容实时转换为文字的功能，这有助于参会者更好地理解会议内容，尤其是对于听力不佳或需要查看会议记录的人来说，这一功能尤为实用。

2. 会议纪要自动生成

这些工具能够根据转写后的文字内容自动提取关键信息，生成简洁明了的会议纪要，大大减轻了人工整理会议内容的负担，提高了工作效率。此外，用户还可以通过与AI工具的互动，直接询问与会议内容有关的事项，节省检索信息的时间与精力。

腾讯会议AI小助手展示的会议纪要与互动问答如图2-53所示。

图2-53 腾讯会议AI小助手展示的会议纪要与互动问答

3. 多语种识别与翻译

一些高级的AI工具支持多种语言的识别与翻译，使跨国会议或涉及多种语言的会议变得更加便捷，参会者无须担心语言障碍，能够更专注于会议内容的讨论。

4. 发言人识别与标注

通过语音识别技术，这些工具能够区分不同的发言人，并在转写文本中进行标注，这有助于参会者快速定位到每个发言人的内容，更好地理解会议中的讨论和决策过程。

5. 关键词提取与总结

AI工具能够自动提取会议中的关键词和关键信息，生成会议总结或摘要，这有助于参会者快速把握会议要点，方便后续回顾和跟进会议内容。

6. 与办公软件的无缝对接

大部分办公会议类AI工具都能够与主流的办公软件进行无缝对接，使会议内容的分享、保存以及后续处理变得更加便捷和高效。

2.9.4　AI论文辅助工具

前面提到的综合型AI大模型，如ChatGPT、讯飞星火等，基本上只要具备文生文功能，都可以辅助用户撰写论文。本小节将主要推荐几个以论文辅助功能为特色的AI工具。

1. 橙篇

橙篇是百度推出的一款专注于学术写作的AI工具。它借助百度强大的搜索引擎技术，能够帮助用户快速检索并获取相关领域的文献资料，从而为论文写作提供丰富的灵感和素材。此外，它还具备语法检查、论文结构建议等功能，旨在提高论文的质量和写作效率。橙篇的界面如图2-54所示。

图 2-54　橙篇的界面

2. 星火科研助手

星火科研助手是科大讯飞联合中国科学院文献情报中心共同推出的科研辅助工具，旨在为科研人员提供全方位的写作支持。它集成了文献管理、数据分析、图表制作等多种功能，能够根据用户提供的关键词或主题，自动生成论文的大纲、引言、方法论、结果分析等关键部分，这极大地提高了科研人员的工作效率。星火科研助手的优势在于其背后强大的自然语言处理技术，能够准确理解用户的意图并提供精准的建议。星火科研助手的界面如图 2-55 所示。

图 2-55　星火科研助手的界面

2.10 后来居上的黑马级 AI 应用——DeepSeek

DeepSeek AI 大模型诞生于 2024 年初，该公司在 2025 年初推出的 DeepSeek-R1 模型，在 AI 市场和各行各业中引起了巨大反响。此时 AI 市场已经蓬勃发展两年多，各种文本、图片、视频类 AI 应用层出不穷，但 DeepSeek 凭借其卓越的文本推理能力，在众多资本和 AI 应用中脱颖而出，成为有望超越 ChatGPT 的国产 AI 大模型。DeepSeek 的图标如图 2-56 所示。

图 2-56　DeepSeek 的图标

2025 年初，DeepSeek 应用在美国 App Store 的下载量超越了 ChatGPT，这引发了国际 AI 竞赛的关注，甚至被 OpenAI 的高管称为"中国 AI 崛起的标志"。

2.10.1 横空出世的 DeepSeek，其优势何在？

DeepSeek 目前主要专注于文本生成和理解任务，（截至 2025 年 2 月暂不支持图片、语音、视频等文档的处理和内容的生成）。作为国内 AI 领域的代表性产品，DeepSeek 的核心优势体现在以下 4 个方面。

1. 中文写作能力的突破

在中文语境下，DeepSeek-R1 模型展现出了远超同类模型的创作能力，用户无需提供复杂的提示词，DeepSeek 就能生成符合用户预期的内容。例如，用户仅需输入简单的指令（如"以李商隐风格写一首七言律诗"），模型即可生成符合古典诗词格律且文风高度仿真的作品，甚至能模仿苏轼、李煜等名家风格。

此外，DeepSeek 的文本生成不限于诗词，还能创作儿童故事（如小熊阿布的诚实教育故事）、学术解释（如"反身性"概念的降维解读）等，极大地降低了教师备课的创作门槛。

同时，相较于通用型 AI，DeepSeek 聚焦于"专业领域认知增强"，在复杂问题拆解、行业知识沉淀、国产化适配三个维度上构建了护城河。

2. 推理能力与成本优势

DeepSeek-R1 作为推理模型，其设计逻辑类似于"能力极强但需明确目标的员工"，用户只需清晰表达需求（如"用鲁迅文风分析 2025 年春节档电影"），模型即可自主完成资料检索、逻辑梳理与风格适配。

相关研究显示，相比 OpenAI 的同类模型，DeepSeek 的 API 价格约为前者的 3%，且训练成本仅为行业平均水平的 1/10，这极大地推动了中国 AI 应用的普惠化。

3. 开源生态与市场影响力

DeepSeek-R1 模型选择开源，这一举措吸引了全球开发者参与生态建设，迅速在多个应用平台形成了强大的社区影响力。

对于开发者来说，DeepSeek 提供了强大的 API 接口，能够轻松集成到现有的系统中（如用户在搭建 Cozc 智能体时也可以调用 DeepSeek 的模型），大大降低了开发难度和成本。这种用户友好的设计，使 DeepSeek 不仅适合专业人士使用，也适合普通用户进行日常操作，从而极大地提升了用户的使用体验。

4. 数据安全和隐私保护

在当今数据驱动的时代，数据安全和隐私保护成了用户最为关心的问题之一。DeepSeek 在这方面表现出色，采用了多层次的安全防护机制，确保用户数据在传输和存储过程中得到充分保护。DeepSeek 的服务器配备了先进的防火墙和加密技术，能够有效防止黑客攻击和数据泄露。

此外，DeepSeek 还严格遵守相关的隐私保护法律法规，确保用户的个人信息不会被滥用或泄露。用户还可以根据自己的需求，设置不同的权限和访问控制，进一步保障数据的安全。

2.10.2 DeepSeek 的基础操作

尽管 DeepSeek 的功能强大，但操作起来却非常简单，其操作步骤与其他 AI 应用无明显差异，通过【注册-登录-提问】，即可使用。具体来说，教师可通过以下步骤快速掌握DeepSeek的核心功能。

在网页端找到DeepSeek官网，注册并登录后进入主页（目前是免费使用）。底部是用户输入区，包含【深度思考】【联网搜索】【上传附件】三个功能可供勾选。

1. 深度思考

用户在提问区勾选【深度思考】即切换至R1模型，如图2-57所示。此时用户提出的问题，平台能够给出更具专业性和结构化的深度解析。

图2-57　DeepSeek的【深度思考】功能

该模式特别适用于以下场景。

（1）复杂逻辑推理（如数学证明、哲学思辨等）。

（2）多步骤问题求解（如代码调试、学术研究方案设计等）。

（3）专业领域分析（如金融建模、法律条款解读、医学文献综述等）。

系统将自动启用增强型知识图谱，通过多层注意力机制对问题要素进行关联分析，虽然响应时间可能延长30%～50%，但输出内容的信息密度将提升200%，并附带置信度标注。

2. 联网搜索

用户在提问区勾选【联网搜索】功能，就能激活实时信息检索模块，生成带溯源标注的整合答案，这一功能特别适用于追踪热点事件（如科技突破、政策变更）、获取实时数据（如金融市场动态、气象预警）或验证时效敏感信息（如法律法规修订）。DeepSeek的【联网搜索】功能示例如图2-58所示。

图 2-58　DeepSeek 的【联网搜索】功能示例

此外，DeepSeek 的移动端 App 还支持语音交互与离线缓存，用户可以直接语音提问，操作更便捷。

3. 上传附件

用户在提问区右下角勾选【文档检索】功能后，可上传本地文档（支持 PDF、Word、TXT 等形式），系统将通过语义理解自动提取核心内容，并生成结构化摘要或定位问题相关段落。此功能尤其适用于以下场景。

（1）教学资料整合：如快速提取教案重点、跨文献对比分析等。

（2）学术论文精读：如自动生成研究框架、术语解释与参考文献溯源等。

（3）作业智能批改：批量解析学生文档，定位逻辑漏洞或格式问题等。

（4）知识库管理：企业或学校私有资料库的跨文件检索与知识关联等。

2.10.3 让 DeepSeek 变身教师超级助理

当 DeepSeek 等人工智能系统深度介入教学流程时，传统教师的角色正在经历一场静默而深刻的蜕变。虽然 DeepSeek 操作简单，但要想真正将其运用在工作中，让 DeepSeek 变身教师的超级助理，还是需要一些使用技巧。

1. 高效提问的核心原则

（1）目标导向式指令：摒弃传统结构化模板（如"分三步执行"），直接明确需求。例如："我需要一个适合5岁孩子的诚实主题故事，300字左右，包含动物角色和拟声词。"

（2）背景信息补充：通过身份或场景描述帮助模型更精准匹配教学内容。例如，"我是小学语文教师"，"学生刚学完《静夜思》"等

2. 进阶技巧：风格化创作

（1）指定体裁与文风：如"以章回体小说形式设计《赤壁之战》的课堂剧本，语言口语化，适合初中生表演"。

（2）结合文化元素：如调用"敦煌壁画""唐宋服饰"等关键词，增强教学内容的历史沉浸感。

3. 教学资源自动化生成

通过场景化指令设计，DeepSeek 可覆盖教师工作的全链条需求。

（1）课堂素材：输入"生成一份《岳阳楼记》的骈文赏析教案，包含对比范仲淹与苏轼的忧乐观"，模型可输出结构化教学内容，并附注释与讨论问题。

（2）跨学科整合：输入"设计一个结合数学统计与唐代人口变迁的跨学科案例"，模型可联动历史数据与数学建模方法。

4. 学生互动与反馈管理

（1）作业批改：上传学生作文并输入"分析语言逻辑问题，用初中生能理解的方式提出修改建议"，模型可逐段生成点评。

（2）个性化辅导：输入"为英语词汇量薄弱的高中生设计10个游戏

化记忆方案",模型可提供词根联想、情景对话等多元策略。

5. 教育研究与专业发展

(1)论文辅助:输入"用'反身性'理论框架分析AI对师生关系的影响,要求引用吉登斯和贝克的理论",模型可生成文献综述与论证框架。

(2)政策解读:输入"用通俗语言解释'双减'政策对AI教育工具的影响,并附上国内外对比案例",模型可整合政策文件与行业报告。

第3章

要用好 AI，
先要学会用提示词

AI好不好用？

一些人认为AI不好用，觉得AI生成的内容质量还不如自己撰写的，而另一些人则觉得AI非常好用，因为它能够在极短时间内生成合格的内容，极大地提高了工作效率。

为什么会有两种截然不同的评价呢？根本原因在于使用AI时提问的方式，特别是提示词的设置。提示词用得好，AI自然越用越顺手。

3.1 AI 不好用？可能是你不会提问

提示词是AI应用中一个至关重要的概念。它指的是用户向AI工具输入的简短文字或指令，用于指导其生成特定内容。这些词汇或短语蕴含了用户的意图和期望，是AI工具理解并创造内容的基石。

1. 提示词的类型

根据使用场景的不同，提示词可以呈现以下几种主要形式。

（1）关键词。这是AI应用中最基础的形式，通常由高度概括性的单个词汇或简短词语组合构成，用于引导AI模型捕捉核心概念或主题。关键词提示词示例如下。

> "科幻城市""赛博朋克风格""冷色调"

在使用图像类 AI 工具时,这些关键词能明确创作需求,生成相应主题与风格的作品。

关键词主要适用于快速抓取核心要点或概念简单的场景,如生成图像、音乐等内容。

(2)短语。相比关键词提示词,短语提示词更具体和细致,能够传达更多细节和情感色彩。短语提示词示例如下。

> 自行车的发展历史

将这样的短语提示词提供给写作类 AI 工具,便能获得相应的历史资料。

短语是词语的组合,在需要传递一定情绪或渲染特定情境的场合更为有效,能够提供较为具体的方向,使生成内容更具针对性。

(3)句子。除了关键词和短语,完整的句子提示词提供了更为复杂和完整的情境描述,有助于 AI 工具生成更为精确和连贯的内容。句子提示词示例如下。

> 请你描述一只猫在雨后的夜晚悠闲漫步的画面。

在使用写作类 AI 工具时,完整的句子提示词会让其生成富有情节和细节的故事段落。同样,在生成图像时,复杂的句子提示词,如"描绘一位维多利亚时代的女士正在阅读一封来自未来的信件,周围环绕着复古与现代科技元素的场景",能够让图像类 AI 工具创作出既包含时代特征又兼具奇幻元素的图像作品。

句子提示词在需要高度定制化和精准输出的情境下表现最佳,如长篇文本写作、深度故事构思、特定情境下的图像生成等。这是因为句子提示词能够完整地表达用户的意图,使生成的内容更贴近用户的真实需求。

(4)文本段落。将关键词、短语、句子组合在一起,形成具有完整结构和条理清晰的连续性段落文字,这就是提示词的另一种重要形式——

文本段落。AI工具能够深入理解用户输入的复杂文本信息，并整合这些信息以生成符合要求的内容。文本段落提示词示例如下。

> 我是一名拥有3年工作经验的短视频运营人员，近期计划参加一家互联网公司的面试。请帮我梳理一份高质量的面试指南，该指南应涵盖前期准备、面试问答、后期跟进三个关键环节。同时，生成的面试指南不少于1000字。

篇幅较长的文本段落提供了更丰富详细的信息，主要适用于写作类的AI工具。

2. 什么是优质提示词

关于优质提示词的重要性，我们可以通过以下例子来说明：同样是关于减肥的问题，提供A、B两种提示词，AI给出的答案大相径庭。

提示词A：

> 帮我制订一份减肥计划。

AI回答：

> 当然可以！我可以给您一些通用的减肥建议，这些建议可以作为您制订减肥计划的起点。
>
> 1. 合理饮食
> （1）控制热量摄入，减少高热量、高脂肪和高糖分的食物摄入。
> （2）增加蔬菜、水果和全谷物的摄入量，这些食物富含纤维，有助于增加饱腹感。
> （3）选择瘦肉、鱼类和豆类等高蛋白食物，有助于维持肌肉质量。
> （4）适量摄入健康脂肪，如橄榄油、坚果和深海鱼油，避免摄入过多的反式脂肪和饱和脂肪。
>
> 2. 规律运动
> （1）每周进行至少150分钟的中等强度有氧运动，如快走、跑步、游泳等。
> （2）结合力量训练，增加肌肉量，提高基础代谢率。

（3）保持运动的多样性和趣味性，避免单一运动造成的厌倦。

3. 良好作息

（1）保证充足的睡眠时间，有助于身体恢复，减少压力。

（2）避免熬夜和作息不规律，以免影响新陈代谢和激素平衡。

4. 坚持与调整

（1）设定明确、可实现的短期和长期减重目标。

（2）定期监测体重和身体指标，适时调整减肥计划。

（3）保持积极的心态，遇到困难时寻求家人、朋友或专业营养师、健身教练的支持或建议。

提示词 B：

我身高 170cm，体重 185 斤，我想在 3 个月内，通过控制饮食和运动，减重 15 斤，请帮我制订一份具体的减肥计划。

AI 回答：

减肥计划：在 3 个月内减重 15 斤

一、饮食建议

1. 热量摄入

确保每日热量摄入低于日常消耗，创建适当的热量赤字，以促进减重。

2. 均衡饮食

确保饮食中包含足够的蛋白质、膳食纤维和健康脂肪。

3. 餐次安排

（1）早餐：以高蛋白食物（如鸡蛋、低脂奶制品）搭配全谷物（如燕麦）提供的复合碳水化合物为主。

（2）午餐：瘦肉（如鸡胸肉、鱼等）搭配大量蔬菜，以及适量的复合碳水化合物（如糙米、全麦面包）。

（3）晚餐：以蔬菜和蛋白质为主，减少碳水化合物的摄入。

4. 水分补充

每天喝 8 杯水，保持身体水分平衡，促进新陈代谢。

5. 避免不良食物

减少糖分摄入，尽量避免加工食品和含糖饮料，选择天然食材烹饪。

二、运动计划

1. 有氧运动

每天进行45~60分钟的中等强度有氧运动,如快走、慢跑、骑自行车、游泳等。

初始阶段可以从较低强度开始,逐渐增加运动时间和强度,以适应身体的变化。

2. 力量训练

(1)每周进行2~3次针对全身主要肌肉群的力量训练。

(2)可以选择自由重量、健身器械或自重训练,根据个人喜好和实际情况调整。

(3)每次锻炼前后进行拉伸,提高身体柔韧性,减少受伤风险。

3. 跟踪进度

(1)使用体重秤和体脂秤每周跟踪体重和体脂率的变化,记录数据并分析趋势。

(2)详细记录每天的饮食摄入和运动情况,以便回顾和调整计划。

4. 注意事项

(1)减重过程中,保持积极的心态和良好的生活习惯。

(2)避免过度运动和极端饮食,以免对身体造成负面影响。

(3)如果在减肥过程中出现任何不适或异常,请立即停止运动并咨询医生或营养师。

可以发现,在B提示词的引导下,AI给出的答案明显更具体且更有针对性。因此,很多时候不是AI不够聪明,而是我们提问的方式不够明确。

设想一下,如果你是公司的领导,正在向下属布置任务,你的任务指令是"写一份关于新产品的市场调研报告",那么下属提交上来的调研报告大概率无法让你满意。因为这样的指令太宽泛,缺乏具体的指导方向。

然而,如果你的任务指令是"写一份用户群体为25~35岁白领女性的新产品市场调研报告,内容包括用户群体的消费习惯、品牌偏好、购买动机及对新产品的期望点,调研报告需包含详细的数据分析和切实可行的建议,并且字数不少于3000字",那么下属提交上来的调研报告大概率会让你满意。因为这样的指令更加具体明确,下属能够更准确地理解你的需求,从而交出更符合你期望的调研报告。

同样地,当我们与AI交互时,也需要尽可能地明确我们的需求,给出具体且详细的提示词指令,即"优质的提示词"。这样才能使AI更准确地理解并执行我们的指令。接下来,我们将介绍几种实用的撰写提示词的方法。

3.2 要点式提示词,让回答准确具体

要点式提示词主要用于引导AI生成具有特定要点和结构的文章或内容。通过列出关键主题、论点或细节,这种方式可以帮助AI工具组织和构建出连贯、有条理的文本。要点式提示词的基本原则如图3-1所示。

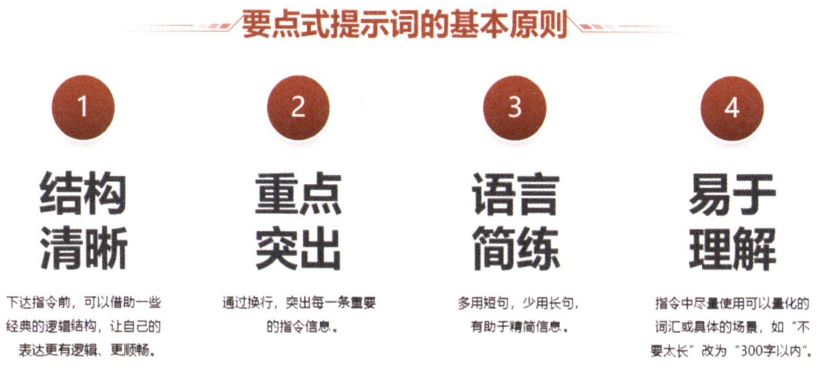

要点式提示词的基本原则

1 结构清晰
下达指令前,可以借助一些经典的逻辑结构,让自己的表达更有逻辑、更顺畅。

2 重点突出
通过换行,突出每一条重要的指令信息。

3 语言简练
多用短句,少用长句,有助于精简信息。

4 易于理解
指令中尽量使用可以量化的词汇或具体的场景,如"不要太长"改为"300字以内"。

图3-1 要点式提示词的基本原则

我们可以将要点式提示词看作一份"大纲",它提炼出了最重要的信息,让人能够一目了然地把握要点,从而确保AI工具生成的内容符合预定框架和目标。要点式提示词示例如下。

撰写一篇关于气候变化影响的科普文章,要点包括温室效应原理、极端天气事件增多以及海平面上升的影响。

在使用AI工具设计提示词时,确保内容的充实性和具体性至关重要。因此要点式提示词作为最基础的提示词技巧之一,广泛适用于写作、图表制作、图像生成、音乐创作、视频制作等应用领域。精准地指出要点、明确地表达需求是运用这一技巧的核心所在。

 案例

提示词:
我是某小学的班主任,马上到国庆假期了,请帮我撰写一条发给家长的国庆假期通知,要点包括放假安排、注意事项、假期任务等。

AI回答:

国庆假期通知

尊敬的家长们:

您好!随着国庆佳节的临近,我们即将迎来为期七天的国庆假期。为了让学生度过一个愉快、安全且有意义的假期,现将放假安排及相关注意事项通知如下。

一、放假安排

根据学校及国家法定节假日的相关规定,本次国庆假期从××年××月××日(星期××)开始,至××年××月××日(星期××)结束,共计××天。学生需于××月××日(星期××)正常返校上课。请各位家长提前做好相应安排,确保孩子按时返校。

二、注意事项

(1)安全第一:请家长在假期加强对孩子的安全教育,提醒孩子注意交通安全、防范溺水、火灾、触电等安全隐患,切勿让孩子独自外出或参与危险活动。

(2)健康饮食:国庆假期期间,请家长合理安排孩子的饮食,注意营养均衡,避免孩子暴饮暴食,并减少零食和冷饮的摄入。

（3）合理安排作息：请家长督促孩子保持良好的作息习惯，做到早睡早起，保证充足的睡眠，并合理安排学习和休息时间。

三、假期任务

（1）完成作业：请家长督促孩子按时完成老师布置的假期作业，合理安排学习时间，确保学习进度不受影响。

（2）阅读书籍：鼓励孩子利用假期时间阅读有益身心的书籍，培养阅读兴趣，拓展知识视野。

（3）实践活动：家长可以引导孩子参与一些有意义的实践活动，如家庭劳动、社区服务、科学小实验等，培养孩子的实践能力和社会责任感。

祝愿各位家长和孩子们度过一个愉快、安全且充实的国庆假期！如有任何疑问或需要帮助，请随时与班主任联系。

班主任：[您的姓名]　　电话：××

3.3 角色扮演式提示词，让 AI 成为全能专家

角色扮演式提示词是一种创新的方法，即让 AI 工具扮演特定角色，如教师、记者、图书编辑等，进行内容创作。

由于 AI 工具拥有庞大的数据库，理论上它可以调取任何行业、任何专家、任何名人的知识数据。通过设定角色和情境，这些工具能够根据角色的身份和立场，生成对应风格的内容，从而极大地增加了生成内容的生动性和情境性。表 3-1 所示为角色扮演的类型。

表 3-1　角色扮演的类型

角色类型	说明	举例
职场职务	模拟各种职场职务，从基层员工到高级管理者，展现不同职务的工作风格、内容及职业特点	市场营销专员、项目经理
专家学者	扮演不同领域的专家学者，提供专业的知识见解、研究成果和行业经验	医学专家、经济学家、文案写作专家

资源下载码：250211

续表

角色类型	说明	举例
社会身份	模拟各种社会身份,进行不同身份的交流互动,体现不同身份的特点和视角	父亲、母亲、朋友、闺蜜
名人	模拟古今中外名人,展现他们的思想观点、人生经历和影响力	鲁迅、乔布斯
功能性工具	模拟某种具备特定功能的强大工具或系统,辅助完成特定任务或提供特定任务	公众号标题生成器

角色扮演式提示词示例如下。

（1）请你扮演一名小学语文老师，为我的某节古诗词课设计一些有趣的互动环节，以激发学生的学习兴趣。

（2）请你扮演一名专业会计，为一家小企业制订一份财务计划，实现节约成本和提高效益的目的。

（3）请你扮演一个强大的微信公众号标题生成器，基于我提供的主题，生成5种不同风格的标题。

此外，在一些需要"头脑风暴"的特殊场合，我们可以在提示词中一次性设置多个角色，让AI工具同时扮演多个角色思考问题、参与讨论。提示词示例如下。

请你扮演我的智囊团，团内有3位专家，分别是乔布斯、稻盛和夫和孔子。他们各自拥有独特的个性、世界观和价值观，对问题有不同的视角、看法和建议。我会在这里描述我的个人情况和遇到的问题，请分别以这3位专家的身份和视角来审视，并给出评价和建议，内容不少于800字。

角色扮演提示词主要适用于写作对话类AI工具，因为这类工具能够连续对话，从而可以持续性地扮演某一角色。借助这一技巧，我们可以轻松打造一个属于自己的专家团队，解决生活、学习与工作中遇到的各种实际问题。

3.4 投喂示例式提示词，让 AI 学习优质案例

投喂示例式提示词是指通过提供一个或多个样例，让AI借鉴或模仿样例的风格、格式或内容要素来生成新的内容。通过给出的具体示例，AI可以学习类似的文体特征，确保生成的内容与期望的风格保持一致。

投喂示例式提示词的示例如下。

> （1）请模仿《哈利·波特》系列小说的叙述风格，创作一段发生在魔法学校的冒险故事的开头。
> （2）我会为你提供一段广告文案范例："钻石恒久远，一颗永流传"，请你模仿这段文案，为我公司的新产品撰写一篇类似风格的文案。

除了直接给出示例，我们还可以让 AI 工具"先学习，再创作"，即先输入优秀的示例，让AI工具学习其中的写作技巧，然后基于这些技巧创作新的内容。提示词示例如下。

> 🗣 **提示词1：**
> 请分析下面这些广告文案共同的风格与特点。
> 1. 钻石恒久远，一颗永流传。
> 2. 唯美食与爱不可辜负。
> 3. 百度一下，你就知道。

✨ AI回答：
我很乐意为您分析这些广告文案的风格与特点。这些广告文案都是非常经典且成功的例子，它们具备以下几个共同点。

1. 简洁明了

它们用简短的语句精准地传达了核心的信息，既没有冗余的修饰，也没有

复杂的语法结构，让人一目了然，印象深刻。

2. 押韵或营造节奏感

它们都巧妙地运用了押韵或营造节奏感，增加了语言的美感和吸引力。例如，"钻石恒久远，一颗永流传"中的押韵非常和谐。

3. 引起共鸣

它们都能够触动人们的情感，引起广泛的共鸣。例如，"钻石恒久远，一颗永流传"表达了人们对爱情的永恒追求；"唯美食与爱不可辜负"则表达了人们对生活的热爱。

4. 有创意和差异化

它们各自拥有独特的创意和特色，能够在众多的广告中脱颖而出，形成品牌的辨识度和影响力。

> **提示词2：**
> 现在，请使用你分析的这些技巧特点，为一辆新款汽车撰写10条广告文案，汽车类型为家庭型，经济便宜。

使用投喂示例式提示词，能有效矫正用户和AI工具之间的理解偏差。通过提供具体的样例和分析，用户可以清晰地传达自己的需求和期望，而AI工具则能够更准确地理解并模拟这些风格和特点，从而生成更符合要求的内容。

3.5 模板框架式提示词，让 AI 处理复杂任务

遇到复杂问题时，我们可以使用既有的模板框架提示词，引导AI按照框架来回答问题。其中，SCQA框架、SMART框架、SWOT分析框架和PCDA框架都是非常有效的结构化表达方式。

1. SCQA 框架

SCQA框架包括情境设定、冲突提出、问题阐述和答案提供四个部分，常用于引导讨论、激发思考，如图3-2所示。

图 3-2　SCQA 框架

如果你想说服别人同意你的观点，SCQA 框架就是一个很好的选择。那句耳熟能详的"亮甲"广告词，就是 SCQA 框架的典型应用。

得了灰指甲——情境设定（Situation）

一个传染俩——冲突提出（Complication）

问我怎么办——问题阐述（Question）

马上用亮甲——答案提供（Answer）

> **提示词：**
> 你是一名初中七年级的地理老师，擅长课堂互动。现在请你用 SCQA 框架设计一个课堂互动，主题为"环保和爱护地球"。

AI 回答：

以下是如何将该框架应用于初中七年级地理课堂关于"环保与爱护地球"的互动设计。

S（情境设定）：同学们，想象一下我们正置身于一片荒芜的沙漠中，四周是无尽的黄沙和枯萎的植物。这是一幅多么凄凉的画面啊！然而，这样的场景并非遥不可及，如果我们不珍惜地球，保护环境，这样的未来就有可能成为现实。

C（冲突提出）：近年来，地球环境日益恶化，气候变化、资源枯竭、生态破坏等问题层出不穷。这些环境问题不仅威胁着人类的生存，也影响着动植物的生长和繁衍。

Q（问题阐述）：面对这些严峻的环境问题，我们能为地球做些什么呢？每个人又能为保护地球做出哪些贡献呢？

A（答案提供）：我们可以从身边的小事做起，比如节约用水、用电，减少塑料使用，积极参与植树造林等环保活动。同时，我们也可以通过学习和传播环保知识，提高大家的环保意识，共同为地球的未来贡献一份力量。

接下来，请大家分组讨论，每组选择一个与环保相关的问题深入探讨，并尝试提出至少两个切实可行的解决方案。

通过这样的SCQA框架互动设计，不仅能够提高大家对环保问题的认识，还能激发大家的创造力和责任感，共同为守护地球出一份力。

2. SMART 框架

当我们制定目标时，SMART框架是一个很好的工具，可用于设定明确、可衡量、可实现、相关性强和有时限的目标，如图3-3所示。

图3-3　SMART框架

我们以减肥为例，使用SMART框架来设定一个明确的目标。

（1）Specific（明确）。

- 不明确的目标：我想变得更健康。
- 明确的目标：我想在接下来的三个月内减掉10斤体重。

（2）Measurable（可衡量）。

- 不可衡量的目标：我想吃得更健康。
- 可衡量的目标：我将通过每周记录体重的方式来追踪我的减肥进度。

（3）Achievable（可实现）。

- 不可实现的目标：我想在一周内减掉10斤体重。

- 可实现的目标：考虑到健康的减肥速度和我的生活方式，每周减1～2斤体重是切实可行的。

（4）Relevant（相关性）。
- 不相关的目标：我想每天跑10公里。
- 相关的目标：我将每天进行45分钟的有氧运动，如快走、慢跑等，以支持我的减肥目标。

（5）Time-bound（有时限）。
- 没有时限的目标：我想要减肥。
- 有时限的目标：我计划在接下来的三个月内减掉10斤体重，这样我就可以在暑假前达到目标体重。

将这5个要素结合起来，我们得到了一个符合SMART框架的减肥目标："在接下来的三个月内，我计划通过每周进行至少4次（每次45分钟）的有氧运动，以及保持健康的饮食习惯来减掉10斤体重。我将每周记录体重以确保计划稳步执行。"这个目标既有挑战性，也是可实现的，并且与改善健康状况的目的紧密相关。

> **提示词：**
> 我是一名初中八年级的英语老师，现在要制订本学期的教学计划，其中包含教学目标。请你用SMART框架，帮我撰写教学目标。

AI回答：

作为一名初中八年级的英语老师，在制订教学计划时，可以使用SMART框架来设定明确且可衡量的教学目标。以下是根据SMART框架设定的教学目标。

1. 明确（Specific）

目标：提高学生的英语水平。

SMART目标：通过本学期的教学，旨在全面提高学生在听、说、读、写四个方面的综合能力，特别是着重于提高学生的阅读理解和写作能力。

2. 可衡量（Measurable）

目标：增强学生的阅读理解能力。

SMART 目标：在本学期结束时，通过阅读理解测试，期望学生的平均分数能从当前的 70% 提升至 85%。

3. 可实现（Achievable）

目标：让学生掌握英语时态。

SMART 目标：通过定期（每周一次）的时态练习和测试，确保至少 80% 的学生能够正确使用英语的时态。

4. 相关性（Relevant）

目标：增加学生的英语词汇量。

SMART 目标：为了提高学生的阅读和写作能力，通过每周的词汇学习和练习，使学生的词汇量每月至少增加 50 个单词。

5. 有时限（Time-bound）

目标：完成英语小说的阅读和分析。

SMART 目标：要求学生在本学期的前 10 周内完成指定英语小说的阅读，并在第 11 周前提交一份详细的分析报告，报告的字数不少于 2000 字。

通过使用 SMART 框架，这些教学目标变得更加明确、可衡量且具有时限性，这有助于提高学生的学习效果，使教学过程更加高效。

3. SWOT 分析框架

SWOT 分析框架是一种战略规划工具，旨在评估一个组织或项目的优势（Strengths）、劣势（Weaknesses）、机会（Opportunities）和威胁（Threats）。通过运用 SWOT 分析框架，我们能够识别关键问题，制订有效的行动计划，并最大化利用现有资源，如图 3-4 所示。

图 3-4　SWOT 分析框架

提示词：

请你扮演一名高中政治老师，用SWOT分析框架来分析中国当年加入世界贸易组织的原因，并做出总结。

AI回答：

同学们，今天我们来探讨一下中国当年加入世界贸易组织（WTO）的决策背景。为了更好地理解这一问题，我们可以运用SWOT分析框架来进行分析。

1. 优势（Strengths）

（1）庞大的劳动力市场：中国拥有全球最大的劳动力资源，加入WTO后能够吸引更多外资企业入驻，促进就业和经济增长。

（2）成本竞争力：相对较低的人力成本和生产成本使中国产品在全球市场上具有较强的价格竞争力。

（3）制造业基础强大：中国建立了完善的工业体系，具备快速响应国际市场变化的能力。

2. 劣势（Weaknesses）

（1）国内产业易受冲击：加入WTO意味着降低关税壁垒，国外商品涌入可能会对国内某些尚未成熟或竞争力较弱的产业构成威胁。

（2）法律法规体系需完善：与国际规则接轨需要进一步完善国内的法律法规体系。

（3）知识产权保护不足：国际社会对中国知识产权保护水平的担忧是加入WTO前需要重点加强的领域。

3. 机会（Opportunities）

（1）市场准入扩大：加入WTO后，中国商品和服务可以更便捷地进入全球市场，拓宽出口渠道。

（2）吸引外资和技术：外国直接投资的增加不仅能带来资金，还能引进先进技术和管理经验，促进产业升级。

（3）参与国际贸易规则制定：作为WTO成员，中国可以在国际贸易规则的制定中发挥更大作用，更好地保护自身利益。

4. 威胁（Threats）

（1）国际竞争加剧：开放市场意味着国内企业将直接面对国际竞争，其中服务业和高科技产业面临的挑战尤为严峻。

（2）经济依赖风险：过分依赖出口可能导致经济对外部环境敏感，全球经济波动可能直接影响中国经济的稳定。

（3）贸易摩擦增多：随着贸易量的增长，与他国的贸易摩擦和争端也可能随之增加。

总结

中国加入世界贸易组织是一个深思熟虑的战略决策，旨在通过利用自身的优势和外部机会，加速经济发展和现代化进程。尽管面临着内部改革的挑战和外部竞争的威胁，但从长远来看，这一决定为中国打开了通往世界经济一体化的大门，促进了国内外市场的深度融合，加快了产业结构的优化升级，并增强了中国在全球经济治理中的话语权。同时，这也要求中国不断适应国际贸易的新规则，持续完善国内制度环境，以更加稳健的步伐融入全球经济体系。

4. PCDA框架

PCDA框架，通常也被称为PDCA循环或戴明环，由W. Edwards Deming提出，是质量管理及持续改进领域的核心理念之一。PDCA代表Plan（计划）、Do（执行）、Check（检查）、Act（行动）这四个英文单词首字母的缩写，如图3-5所示。它描绘了一个循环迭代的过程，旨在通过不断优化和改进工作流程，来提升服务或产品质量。

图3-5　PDCA框架

> 提示词：
> 我是一位八年级的数学老师，在上学期期末考试后，我发现班上同学考

试成绩有所下滑,尤其是分数运算和方程解题部分。请你运用PDCA框架,做出教学流程的改进方案。

AI回答:

面对您所描述的挑战,运用PDCA框架来改进教学流程是一个非常合适的方法。以下是根据您的具体情况设计的PDCA框架应用方案。

一、P(Plan)——计划

1. 问题识别与目标设定

(1)明确问题:学生在分数运算和方程解题部分的掌握程度不足。

(2)设定目标:至本学期结束时,班级在分数运算和方程解题部分的平均分需提升至少15分。

2. 分析原因与策略规划

(1)调查分析:通过问卷、个别访谈或小组讨论等方式,了解学生在这些知识点上遇到的具体困难。

(2)教学策略:

①强化基础知识:增设分数运算的基础复习课程,确保每位学生都能扎实掌握基本概念。

②互动式学习:采用小组合作学习模式,鼓励学生间相互讨论,促进思维碰撞。

③实践应用:设计贴近生活的数学问题,帮助学生理解分数运算和方程在实际中的应用场景。

④个性化辅导:根据学生的学习差异,安排课后辅导或在线答疑,为不同层次的学生提供适合的练习和指导。

二、D(Do)——执行

1. 实施新教学计划

(1)按照规划的教学策略,调整课堂活动,增加互动性和实践性环节。

(2)启动个性化辅导计划,确保每位学生得到必要的指导和支持。

2. 数据收集

在实施过程中,定期收集学生作业、小测验成绩、课堂参与度的数据,以及学生和家长的反馈。

三、C（Check）——检查

1. 成绩与反馈分析

（1）期中考试后，对比实施新策略前后的成绩变化，特别是分数运算和方程解题部分的平均分变化。

（2）通过问卷调查和小组讨论，收集学生对新教学方法的反馈，了解哪些方法有效，哪些方法需要调整。

2. 问题再评估

根据成绩和反馈结果，识别仍然存在的问题或新出现的挑战，如特定类型的题目是否依然困扰多数学生。

四、A（Act）——行动

1. 调整策略

（1）针对检查阶段发现的问题，及时调整教学内容或方法。例如，如果发现学生在解决含有分数的方程时遇到困难，可以增加相关解题技巧的讲解和练习。

（2）加强有效方法的应用，如小组合作学习被证明特别有效，可以考虑在其他章节中也采用此法。

2. 持续改进

（1）将成功的改进措施标准化，融入日常教学流程中，形成持续改进的良性循环。

（2）为下一轮PDCA框架设定新的目标，如提高解题速度、深化对数学概念的理解等。

通过这一系列PDCA框架的实施，您可以系统地识别和解决学生在分数运算和方程解题部分的问题，同时促进教学方法的持续优化，提升学生的数学成绩，激发学生的学习兴趣。

3.6 用AI驱动AI，生成优质提示词

优质提示词的重要性不言而喻，但在如何提出好问题以获取满意的AI回答方面，许多人常常感到困惑。

例如，当你希望AI帮你撰写一份优质的活动策划，但你不清楚活动策划的具体标准和要点，不知道该如何详细地向AI描述你的需求时，该怎么办？我们可以用AI驱动AI，让AI帮我们生成提示词，如询问要求、步骤、框架等，如图3-6所示。

问AI

① 询问要求：撰写爆款小红书文案有哪些要求？

② 询问步骤：生成一篇行业报告需要哪些步骤？

③ 询问框架：有哪些好的书评结构和写作框架？

图 3-6 问 AI

我们甚至可以直接让AI生成提示词，以下是一个具体的案例。

提示词：

我想要撰写一个关于八年级学生暑期实践的活动策划，我该如何向你提问才能得到满意的答案？请你帮我生成一份详细的提示词。

AI回答：

你好，我了解到你的需求了。为了帮助你撰写一个关于八年级学生暑期实践的活动策划，我为你生成了以下详细的提示词。

1. 目标设定：如何为这次暑期活动设定具体的学习目标或发展目标？

2. 活动内容：有哪些有趣且富有教育意义的暑期活动适合八年级学生参与？

3. 活动流程：一个完整的暑期活动流程应该包括哪些关键阶段和步骤？

4. 资源整合：策划这样的活动需要哪些资源？如何有效地整合这些资源以确保活动的顺利进行？

5. 学生参与度：有哪些方法可以提高学生在活动中的参与度和积极性？

6. 安全保障：在活动期间，我应该如何确保学生的安全？

7. 评价与反馈：如何评估活动的成效？如何收集学生和家长的反馈？

8. 创新元素：如何在策划中融入创新元素，使活动更具吸引力？

以上是关于八年级学生暑期实践活动策划的一些关键问题提示词，希望能够帮助你更准确地提出你的需求。

通过AI工具，我们可以根据要求完善提示词模板，生成要点详尽的提示词。我们只需稍做修改，便能快速获得自己需要的提示词。将优化后的提示词提供给AI，我们就能得到更加精准和满意的答案。

3.7 学会追问AI，好答案不是一步形成的

即便是使用AI的高手，在使用AI时也很难一次性获得很满意的答案。好的答案往往需要不断地追问和细化来逐步完善。

作为操作AI工具的人，我们需要依靠自己的判断力来审视生成的内容，查漏补缺，进行反馈和优化，力求得到更加完善的结果。AI工具能够理解与用户的上下文对话，这使得反馈与追问成为可能。

1. 如何追问

追问是指在AI工具生成内容后，通过再次发送提示词或指令的方式，让它修改之前生成的内容。这实际上是细化提问的过程，有助于获得更准确、更全面的答案。

我们可以通过扩写、补充、润色、转换、批评指正等技巧来引导AI工具进行修改和完善。反馈追问提示词举例如表3-2所示。

表3-2 反馈追问提示词举例

名称	介绍	提示词举例
扩写	指定某一部分，让AI继续扩写	请将第××点内容扩写到300字
补充	指定某一部分，让AI丰富更多相关内容	请给第××点补充更多的细节

续表

名称	介绍	提示词举例
润色	优化生成内容的语言准确性和风格	请将第××部分的内容进行润色,使其表达更正式
转换	修改某一部分的格式或呈现方式	请将第××部分内容用表格的形式呈现
批评指正	指正某一部分的错误,并要求AI进行修改	第××部分的说法有误,请改正为正确的说法
发散思考	引导AI工具就某一部分提供更多可能性	对于第××点,还有哪些可行的方案?请你继续列出并探讨
质疑提问	对AI工具生成的内容提出进一步的问题	为什么你会说"××是××"?请提供依据或解释
总结归纳	要求AI工具总结并归纳其生成的内容	请结合你生成的内容,归纳总结成××个小点

对话机器人通过维护对话历史的状态来深入理解上下文,这意味着它能够记住并存储之前的对话内容,并将这些内容作为当前交互的重要参考。这样,我们可以就某一领域的话题持续讨论与提问,进行"打破砂锅问到底"的提问。

2. 追问案例

使用追问的提示词,可以将复杂的任务拆解为多个小任务,通过连续提问、逐一击破的方式来完成。下面一组追问案例展示了这一技巧的应用效果。

> 提示词1:
> 请介绍向顾客销售产品的4个策略。

> AI回答:
> 向顾客销售产品的4个有效策略如下。

1. 提升产品价值

专注于增加产品的附加值,可以通过提升产品质量、设计、技术含量、服务配套或品牌形象来实现。提高性价比,让消费者感觉购买你的产品是物超所值的选择,从而刺激购买欲望。

2. 买赠促销

实施买一赠一、买二赠一等捆绑销售策略。这类促销不仅能够提升单次交易额,还能以比直接降价更吸引人的方式促进销售,同时维护产品的市场价值感。

3. 会员营销

建立会员制度,为会员提供专属优惠、积分累计、会员专享活动等,以此增强顾客的忠诚度和复购率。会员营销有助于长期锁定客户群,促进持续消费。

4. 问诊式销售

通过深度了解顾客的需求和痛点,采用咨询顾问式的销售方式。销售人员应具备良好的倾听和沟通能力,通过提问引导顾客表达真正的需求,然后有针对性地推荐解决方案,建立信任并促成销售。

> 追问→提示词2:
> 请具体介绍一下策略1(提升产品价值)的实施方法。

AI回答:

策略1是提升产品价值,这一策略的核心在于通过各种手段增加产品对消费者的吸引力,使其在市场上脱颖而出,从而支撑更高的价格或促进销售。以下是一些具体的实施方法。

1. 增强产品功能与质量

不断研发创新,提升产品的核心性能和耐用度,确保产品能满足或超越顾客的期望,解决他们的实际问题。

2. 优化设计与用户体验

外观设计和用户界面的优化可以极大地提升产品的吸引力。好的设计不仅美观,还能提升使用时的便捷性和舒适度,让用户在使用过程中获得愉悦感。

3. 打造品牌故事与文化

构建有吸引力的品牌故事，强调品牌的独特价值、历史传承或社会责任，增加产品的情感价值。一个动人的品牌故事能让消费者与产品建立情感连接，提升品牌忠诚度。

4. 提供卓越的客户服务

卓越的客户服务包括售后服务、个性化定制服务、快速响应机制等，这些都能显著提升顾客满意度。

5. 创造稀缺性与独特性

通过限量版产品或定制化服务，可以创造产品的稀缺性，提高其独特价值，进一步吸引消费者。

> 追问→提示词 3：
> 现在我有一款轻薄商务笔记本电脑，请你结合策略 1（提升产品价值）的技巧要点，为我设计一套向客户推销的话术。

AI 回答：

尊敬的客户，非常高兴能为您介绍我们精心打造的这款轻薄商务笔记本——【产品名称】。它不仅仅是一款科技产品，更是您高效工作与优雅生活的得力助手。

（1）让我们来聊聊这款笔记本的设计。它的厚度仅为××毫米，重量更是轻至××克，您可以轻松放入公文包或背包中，无论是穿梭于都市高楼大厦间，还是远程出差，都能随身携带，毫无负担。我们深知，对于追求效率与品质的您来说，便携性至关重要。

（2）在轻盈的外表之下，【产品名称】隐藏着一颗强大的"心脏"。它搭载了最新一代××处理器，配合高速 SSD 固态硬盘和高容量内存，确保您在多任务处理时游刃有余，让工作效率倍增。

（3）我们也深知，商务人士最担心的就是电量问题。因此，【产品名称】配备了超长续航电池，一次充电可支持长达××小时的连续使用，即便您在长途飞行中，也能保证工作不间断，随时记录灵感。

（4）安全是商务笔记本的核心要素之一，我们特别内置了指纹识别与面部解锁功能，并结合了最新的数据加密技术，全方位保护您的商业机密和个人隐私，让您用得更放心。

（5）作为负责任的企业，我们注重环保与可持续性。【产品名称】的外壳采用回收材料制成，既减少对环境的影响，又保持了出色的质感与耐用性。选择【产品名称】，也是您对绿色地球的一份贡献。

（6）每一位【产品名称】的拥有者都将加入我们的尊享会员计划，享受定制化服务、优先技术支持及定期的软件升级，确保您的设备始终处于最佳状态。

> **更多追问：**
> 1. 你的这则话术用语太书面，请修改成更口语化、更亲切的版本。
> 2. 请分别面向学生、25～30岁的职场女性和40岁的商务男性改写3个版本的话术。
> 3. 请将以上话术修改为短视频的口播脚本，并用表格的形式呈现。

此外，以上提问方式在很多时候是需要综合和灵活运用的。以小学三年级数学的知识点"质数"为例，我们可以进行如图3-7所示的几种提问方法的组合，从而帮助我们生成备课素材，帮助学生更好地掌握知识点。

3种提问技巧，让学生快速掌握知识点

直接提问法	用小学生能够理解的方式解释一下什么是质数？
对比提问法	用表格梳理一下质数与合数有哪些区别？
举例提问法	质数有哪些用途？请在实际生活中举例说明。

图3-7 针对"质数"的提问方法示例

第4章

AI+ 备课，
精准高效进行教学筹划

虽然AI在教学领域的应用日益广泛，但许多教师可能会感到疑惑：如何有效地利用AI来辅助教学呢？

在接下来的几章中，我们将详细讲解如何通过AI实现教学全流程的智能化，涵盖从备课、教学到测评等多个环节，借助AI，我们可以打造更智能化的课堂，如图4-1所示。

图4-1 教学全流程的智能化

教学的第一步是备课，在本章中，我们将探讨如何借助AI来完成高效的教学筹备工作。

4.1 用 AI 制订详细的教学计划

案例 仙游县枫亭海滨小学——五年级数学

下面是两位老师准备的教学计划，你认为哪一个更胜一筹？

教师A：人教版小学五年级数学上册教学计划

一、教学目标

1. 掌握整数、分数、小数的四则运算。

2. 认识并理解平面图形与立体图形的基本特性。

3. 培养学生的逻辑思维和解决问题的能力。

二、教学内容

1. 整数与四则运算的复习与深化。

2. 分数的认识与计算。

3. 小数的认识与计算。

4. 平面图形与立体图形的认识。

三、教学方法

1. 启发式教学，引导学生主动探索。

2. 结合实际案例，增强数学的实用性。

3. 定期练习与反馈，巩固所学内容。

四、教学安排

1. 第1～2周：整数与四则运算的复习与深化。

2. 第3～5周：分数的认识与计算。

3. 第6～8周：小数的认识与计算。

4. 第9～10周：平面图形与立体图形的认识。

5. 第11～12周：复习与期末测试。

五、教学评估

1. 通过课堂测验和课后作业，及时了解学生的学习情况。

2. 期末进行全面测试，综合评估学习成果。

六、注意事项

1. 因材施教，关注每个学生的学习需求。

2. 鼓励学生积极参与课堂讨论，提高课堂互动性。

教师B：人教版小学五年级数学上册教学计划

一、指导思想

义务教育阶段的数学课程，旨在促进学生全面、持续、和谐的发展。不仅要考虑数学自身的特点，更应遵循学生学习数学的心理规律，强调从学生的生活经验出发，引导学生将实际问题抽象为数学模型并进行解释与应用，进而使学生在获得数学知识的同时，思维能力、情感态度与价值观等方面也能得到提升。

二、班级学生情况分析

1. 上学期学生成绩分析

上学期期末测试覆盖了人教版小学四年级数学下册的内容，包括知识技能和问题解决两部分。通过分析，发现大部分学生存在如下问题。

（1）不仔细审题。

（2）动手操作能力不强，如利用三角板作图时不准确或遗漏直角符号。

（3）基础知识的掌握还不理想，如在计算题和填空题上出现错误。

（4）应用所学知识解决实际问题的能力有待进一步提高。

2. 学生学情分析

（1）本班共有50名学生。经过四年级两个学期的学习，学生的基本知识、技能等已经达到学习目标，对数学有了一定的兴趣。然而，有相当一部分学生的学习习惯差，上课经常走神，自我约束能力较差，作业不够规范。此外，部分家长重视程度不够，没有为学生营造良好的家庭学习氛围，导致学生无法养成良好的学习习惯。因此，这学期我会更加关注中等生，逐步培养其良好的学习习惯，同时加强对所有学生学习习惯的培养。

（2）五年级学生的思维已经开始由具体形象思维过渡到抽象思维。他们对周围事物的认识更加深入，已经具备初步的数学知识，为学好本册教材打下了良好的基础。

三、教学分析

1. 教材分析

本册教材包括小数乘法、小数除法、观察物体、简易方程、多边形的面积、统计与可能性、数学广角和数学综合运用等内容。

（1）在数与代数方面，安排了小数乘法、小数除法和简易方程，旨在培养学生小数的四则运算能力，发展学生的抽象思维能力，提高学生解决问题的能力。

（2）在空间与图形方面，安排了观察物体和多边形的面积两个单元。引导学生探索并体会各种图形的特征、图形之间的关系及转化，掌握平行四边形、三角形、梯形的面积公式，渗透平移、旋转、转化的数学思想方法，促进学生空间观念的进一步发展。

（3）在统计与概率方面，安排了有关可能性和中位数的知识。通过操作与实验，让学生体验事件发生的等可能性及游戏规则的公平性，会求一些事件发生的可能性，并在平均数的基础上认识中位数。

（4）在用数学解决实际问题方面，结合小数乘法和除法两个单元，教学生用所学知识解决生活中的简单问题；同时，安排了"数学广角"的教学内容，通过观察、猜测、实验、推理等活动，培养学生探索数学问题的兴趣和发现数学美的意识。

（5）本册教材还安排了两个数学综合应用的实践活动，让学生通过小组合作探索的方式，运用所学知识解决问题，体会探索数学实际应用的乐趣，培养学生的数学意识和实践能力。

2. 教学重点

小数乘法、小数除法、简易方程、多边形的面积、统计与可能性是本册教材的重点。

3. 教学难点

理解小数乘法、除法的算理，理解用字母表示数的意义及公式，理解方程的意义及等式的基本性质，根据题意分析数量间的相等关系，理解多边形面积公式的推导过程。

4. 教学目标

（1）熟练掌握小数乘法和小数除法的笔算和简算。

（2）学会用字母表示数和常见的数量关系，理解方程的含义，会解简易方程。

（3）掌握平行四边形、三角形和梯形的面积公式，会计算它们的面积。

（4）能辨认从不同方位看到的物体的形状和相对位置。

（5）理解中位数的意义，会求数据的中位数。

（6）经历从实际生活中发现问题、提出问题、解决问题的过程，体会数学在日常生活中的作用，初步形成综合运用数学知识解决问题的能力。

（7）了解数字编码的方法，培养学生在生活中发现数学的意识，形成观察、分析及推理的能力。

（8）体会学习数学的乐趣，提高学习数学的兴趣，建立学好数学的信心。

（9）养成认真作业、书写整洁的良好习惯。

四、教学中采取的措施和方法

教学中主要采用讲授法、讨论法、实际操作法、演示法、练习法、比较法、分析法、综合法。加强学习目的性教育，充分挖掘学生的潜能，发挥学生的主体作用。

（1）增强学生的动手实践能力，培养学生的空间观念。从学生已有的知识和经验出发，借助实物教具、学具，引导学生在理解的基础上掌握概念、法则、知识之间的联系、规律和解答方法。

（2）将重点、难点内容和关键部分放在突出位置，确保学生切实掌握。

（3）对于容易混淆的概念和法则，采用对比的方法进行讲解。

（4）揭示前后知识间的联系，帮助学生从已有的知识中推导出新的知识，形成良好的认知结构。

五、提质减负措施

（1）确立学生在数学学习中的主体地位，营造生动有趣的学习氛围，发现并解决学生需要解答的问题。利用小组合作学习的方式，充分给予学生动口、动手、动脑的机会，以培养学生的合作能力和探究意识。

（2）注重引导学生解决日常生活中的数学问题。利用新教材的优势，引导学生发现数学与实际生活的联系，使学生在具体的数学实践活动中获得数学知识、思想和方法。

（3）建立探索性的学习方式，培养学生的创新意识。引导学生探索数学规律，培养学生的抽象与概括能力、分析与综合能力、判断与推理能力，以及思维的敏捷性。同时，要关注并发扬个别学生的特长。

六、分层辅导计划与措施

1. 培优措施

（1）认真学习新课程标准，根据新课程标准进行教学，并结合学生实际情况，因材施教。

（2）创设情境，设计具有趣味性、应用性和开放性的题目，培养学生科学合理的思考习惯。鼓励学生积极寻找好的学习方法，激发学习兴趣，使优生更上一层楼。

2. 补差措施

（1）提高课堂趣味性，多提问，鼓励后进生积极参与课堂讨论，并及时给予表扬。

（2）根据学生的特点，练习形式多样化，以激发学生的学习兴趣。

（3）建立"一带一"小组活动，使优生和后进生在学习上互补。

（4）对后进生多表扬、少批评，树立其学好数学的信心。

（5）加强基础知识的教学，挖掘学生的潜力，提高课堂效率。

3. 抓中等生措施

（1）培养中等生的自主意识，激发其自我表现的欲望，给予他们表现的机会。

（2）为他们提供与周围同学交往的环境，如在课堂交流中多让中等生发表看法。

（3）培养他们的责任意识，多做老师的小助手。

（4）为他们提供换位思考的机会，通过角色扮演等活动活跃思维，增强自信心。

七、本册内容的课时及课时划分

五年级上学期数学教学安排了约80课时，各部分教学内容的教学课时安排如下。

（1）小数乘法（8课时）。

（2）小数除法（11课时）。

(3)观察物体(3课时)。

……

通过对比可以发现,教师B的教学计划明显更详细且优质。教师A的教学计划较为笼统,板块划分不够细致,缺乏针对性,难以展现其独特的教学风格和班级特色。相比之下,教师B的教学计划很详细,有针对性地分析了班级具体情况、教学情况、教材内容等,并提出了具体的提升措施和减负策略。其教学计划内容完整,板块丰富,考虑周全,落地性强。

教师B的教学计划来自仙游县枫亭海滨小学的某位老师。那么,如何借助AI快速制订出教师B这样详细且优质的教学计划呢?关键在于如何巧妙地提问和利用AI的分析能力。通过向AI提出具体、明确的问题,如"分析本班学生的数学基础和兴趣点""根据教材内容制定教学重点与难点"等,并结合AI的数据分析和处理能力,可以快速生成一份详细且有针对性的教学计划。同时,教师还需要结合自身的教学经验和班级特色,对AI生成的教学计划进行进一步的优化和完善。

4.1.1 如何用 AI 写出好的教学计划

无论使用哪款大模型,想让AI一步到位地写出完美的教学计划都相当困难。相比之下,采用分步提问的方法往往能取得更好的效果。

第一步:梳理 AI 需要的背景信息

在请求AI生成教学计划之前,我们需要明确学科名称、所采用的教材、学校进度安排等,举例如下。

学科名称:小学五年级数学(上)。

所用教材:人教版小学五年级数学上册。

包含板块:教学目标、教材分析、学生情况分析、教学重点和难点、教学措施、教学进度安排等。

第二步:对 AI 进行初步提问

为了引导AI生成更符合要求的教学计划,我们可以采用【角色扮演法】设置提示词。提示词示例如下。

> 🔹 **提示词：**
>
> 你是一位【小学数学老师】,拥有丰富的教学经验,现在请制订一份具体的教学计划,具体要求如下。
>
> 1. 针对【小学五年级数学上学期】的学生,使用的是【人教版小学五年级数学上册】教材。
> 2. 教学计划包含【教学目标、教材分析、学生情况分析、教学重点和难点、教学措施、教学进度安排等】板块。
> 3. 本学期共16周,每周4学时,共计64学时。
> 4. 字数控制在3000字以内。
> 5. 请尽可能详细、具体、可落地。

AI回答：

由于篇幅限制,我将为您提供一个五年级数学上学期教学计划的大纲,并概述每个板块的主要内容。如果需要更详细的内容,您可以在此基础上进一步扩展。

小学五年级数学上学期教学计划

一、教学目标

● 知识与技能：掌握本学期数学教材中的基本概念、定理、公式,并能熟练运用这些知识解决简单的数学问题。

● 过程与方法：通过数学学习和实践,培养学生的逻辑思维能力、空间想象能力和问题解决能力。

● 情感态度与价值观：激发学生对数学学习的兴趣,培养他们的数学素养和科学探究精神。

二、教材分析

本学期使用的教材是人教版小学五年级数学上册。教材编排科学合理,内容涵盖了整数加减法及混合运算、小数的认识和加减法、图形的认识与周长计算等知识点。

三、学生情况分析

五年级学生已经具备了一定的数学基础知识和思维能力,但个体差异较大。部分学生可能对某些知识点掌握不够牢固，需要加强巩固；而部分学生则表现出较强的学习能力和探索精神，可以引导他们进行更深入的学习。

四、教学重点和难点

重点：整数加减法及混合运算、小数的认识和加减法、图形的认识与周长计算。

难点：分数的初步认识和简单计算、复杂应用题的分析与解答。

五、教学措施

为了有效实施教学计划，将采取以下教学措施。

● 采用启发式、讨论式等多样化的教学方法，提高学生的学习兴趣和主动性。

● 加强课堂互动，鼓励学生积极参与讨论和提问。

● 定期组织学生进行实践活动，将所学知识应用于实际生活中。

六、教学进度安排

本学期共16周，每周4学时，共计64学时。具体教学安排如下。

第1～2周：复习上学期内容，巩固基础知识，为新学期学习做准备。

……

七、其他注意事项

在教学过程中，注重培养学生的自主学习能力和合作精神。鼓励学生主动探索、独立思考，并培养他们的合作意识和团队精神。

由于大多数AI工具存在字数或内容生成上的局限性，所以在使用时可能会遇到以下两个问题。

一是回答内容较为简略，每个部分可能仅包含核心要点，而未能深入展开。这可能导致教学计划缺乏足够的细节和深度，难以直接用于实际教学。

二是答案未能完整回答所有问题，仅生成了部分内容。针对这些情况，我们可以继续追问，以细化提问并逐步完善内容。

第三步：细化追问

当发现AI没有将答案完整生成时，我们可以直接发出"请继续"的指令，它会继续生成后续内容。

若对输出的内容不满意，可以针对不满意的内容进行具体反馈，比如指出"教学重点和难点"部分太简略,"教学措施"部分不够具体,并进行追问以逐步完善内容。

> 🔁 **追问:**
>
> 请将"教学重点和难点"部分进行补充和完善,每项不少于3个要点。

✨ AI回答:

四、教学重点和难点

(一)教学重点

1. 整数加减法及混合运算的熟练掌握

(1)强化学生对整数加减法运算规则的理解,确保运算的准确性。

(2)通过多种形式的练习题,如口算、竖式计算、应用题等,提高学生的运算速度和正确率。

(3)教授学生混合运算的优先级和步骤,培养他们解决复杂问题的能力。

(4)引导学生掌握验算方法,形成自我检查的良好习惯。

(5)结合生活实际,让学生理解整数加减法运算在日常生活中的应用。

2. 小数的认识和加减法运算的准确掌握

帮助学生建立小数的概念,理解小数与整数的关系。

……

3. 图形的认识与周长计算的准确应用

帮助学生认识各种基本图形,掌握它们的特征和性质。

……

(二)教学难点

1. 分数的初步认识与简单计算

结合实际问题,让学生感受分数在日常生活中的应用,如分蛋糕、分苹果等场景。

2. 复杂应用题的分析与解答

……

> 🔁 **追问:**
>
> 请将"教学措施"部分进行补充和完善,给出具体的实施方案。

🅰 **AI回答：**

五、教学措施

为了确保小学五年级数学上学期的教学计划得以有效实施，提高教学质量，我将采取以下具体的教学措施。

（一）优化教学方法，提高学习兴趣

（1）采用多样化的教学方法：结合小学生的认知特点，采用直观演示、小组合作、游戏竞赛等多种教学方法，以提高学生的学习兴趣和主动性。

（2）充分利用多媒体教学工具：通过PPT、动画视频等多媒体教学工具，将抽象的数学知识以直观、生动的方式呈现出来，帮助学生更好地理解和掌握知识点。

（3）创设实际情境：结合实际生活，创设与教学内容相关的情境，让学生在解决实际问题的过程中，运用所学知识，提高他们的实践能力和解决问题的能力。

（二）强化基础训练，提高计算能力

加强口算训练：每天安排一定时间进行口算练习，以提高学生的口算速度和准确性。

……

经过这样的不断追问和细化，教学措施部分的内容更加完善、逻辑更加清晰，也更符合实际教学的需要。在继续追问和内容生成的过程中，我们可以继续按照这种方法，对不满意或不完善的地方进行细化和完善，最终得到一份优质的教学计划。

4.1.2 巧用"标准"升华提问

在行业内，总有许多先进的教学方法和案例值得我们学习和借鉴。例如，成都某学校提出的"两课"设计的标准，即"1+8教学大纲法"，就为我们提供了一个制订教学计划的优秀范例框架。我们可以按照这个框架，精心设置AI提示词，以生成更加优质的教学计划。以下是一个具体的提示词示例，旨在帮助我们高效地利用AI制订教学计划。

你是一位小学老师，擅长制订教学计划，请帮我完成我教授科目的教学计划。我教授的课程是人教版小学五年级数学（上册）。具体要求如下。

一、课程设计内容

1. 明确本课程的教学目标，包括学生应达到的知识、技能和情感态度目标。

2. 阐述本课程在人才培养方案中的作用、在学科体系中的位置，以及与其他课程的关系。

3. 列出本课程的主要内容，包括知识体系、重点、难点和特色。

4. 展示本课程实行高、中、低阶教学的顶层设计和规划，确保教学内容从基础到复杂，循序渐进地提升学生的数学能力。

5. 设计本课程的实践环节，强调理论与实践的结合。

6. 提供本课程的延伸阅读和拓展内容，引入行业前沿知识，拓宽学生视野。

7. 确定本课程计划使用的教学方法和技术手段，以及评价、考核方法和次数。

二、课堂设计内容

1. 教学目标设计：明确每节课的具体目标。

2. 教学内容设计：合理安排每节课的知识点。

3. 教学方法设计：选择适合学生的教学方法。

4. 课堂互动设计：促进师生、同学之间的交流与合作。

5. 课堂教学管理设计：确保课堂秩序和教学效果。

6. 评价方式设计：全面评价学生的学习成果。

7. 作业设计：布置具有针对性和挑战性的作业，巩固课堂所学内容。

8. 推荐课外读物的设计：引导学生课外阅读，拓展知识面。

三、设计过程中可以灵活应用的方法

1. 要素式设计法：注重教学要素的整合与优化。

2. 剧本式设计法：以故事情节为主线，引导学生积极参与。

3. 项目式设计法：通过项目实践提升学生的综合能力。

4. 混合式设计法：结合线上与线下教学，提高教学效率。

5. 开放式设计法：鼓励学生自主探究和合作学习。

> 四、教学设计评价
> 1. 文本检查：确保教学计划的准确性和完整性。
> 2. 设计评价：从教学目标、内容、方法等方面综合评价教学设计的优劣。
> 3. 课堂考察：通过实际教学观察学生的学习效果和教师的教学表现，进行教学反思和改进。

如果将这种结构化的教学经验转化为AI提示词，将会得到一份更加优质的教学计划。这样的转化，不仅有助于AI理解教学流程，还能提升教学计划的针对性和有效性。因此，大家可以尝试用这组提示词向AI提问，相信会有惊喜。

4.1.3 优质教学计划模板

不同学科、不同学校的教学计划在内容和要求上存在差异，但一份优质的、标准的教学计划通常具有表4-1所示的框架和要求。在使用AI生成教学计划时，我们可以根据这些要求逐一打磨，为每个条目提供具体的内容和标准。

表4-1 优质教学计划模板

板块	要求	包含内容
基本信息	简要介绍课程的基本信息	课程名称、授课对象、授课时间、所用教材
教学目标	明确、具体地列出课程教学目标	知识目标、技能目标、情感态度目标；与课程大纲或标准的对应关系
教学内容	详细描述课程的主要知识点、概念或技能	章节或主题列表、重点和难点内容、知识点间的逻辑关系
教学方法与手段	阐述教学方法和采用的教学手段	采用的教学方法、教学手段及其与教学目标的关系
教学进度与课时安排	提供详细的教学进度和课时安排	每堂课的教学内容、时间分配、活动安排、教学进度表

续表

板块	要求	包含内容
评价与反馈	设计评价方式和提供反馈机制	评价方式（如作业、测验、课堂表现等）、评价标准、反馈方式和频率、帮助学生改进的建议
教学资源	列出所需的教学资源及其获取方式	教材与教辅资料、教学软件或平台、实验器材或工具、资源获取途径
其他注意事项	提及其他需要注意的事项或特殊要求	对学生的特殊要求、对家长的沟通要求、教学环境的准备、特殊情况的处理方式等

在实际撰写过程中，我们可以直接将上述标准模板提供给AI，让AI在较少的步骤内生成完整的教学计划内容。然而，受限于AI模型本身的输出字数限制，可能难以一次性生成较为完整且满意的答案，因此我们需要进一步追问，不断细化，确保教学计划的完整性和质量。

同时，我们可以学习业内优秀案例，将其转化为提示词，让AI学习其思路和框架，从而生成更优质的教学计划。

本节总结

教学计划是教育行业的专有名词，AI可以理解并直接生成相关内容。我们只需要提供基本信息，然后结合上述模板和优秀案例的提示词，就可以引导AI生成符合要求的教学计划。通过不断追问和细化，我们可以得到更加完整和满意的教学计划。

4.2 用 AI 撰写体系化的课程大纲

 案例 复旦大学有机化学实验

课程大纲是关于某一学科学习内容的总体纲要，是实施教学的主要依据。它详细描述了一门课程的性质、任务、教学目标、内容范围、教学体系、教学进度及教学方法上的基本要求。

4.2.1 优质课程大纲案例

表4-2展示了复旦大学化学系某年"有机化学实验"课程大纲(来源于百度文库)。

表4-2 复旦大学化学系某年"有机化学实验"课程大纲

院系	化学系 日期:20××年9月1日				
课程代码	××				
课程名称	有机化学实验				
英文名称	Organic Chemistry Lab				
学分数	2	周学时	2	授课语言	中文
课程性质	☐通识教育专项 ☐核心课程 ☐通识教育选修 ☐大类基础 ☑专业必修 ☐专业选修 ☐其他				
教学目的	(1)训练学生掌握有机化学实验的基本操作和技能,提高学生分析问题和解决问题的能力。 (2)培养学生实事求是、严谨认真的科学态度,以及良好的实验室工作作风和习惯。 (3)通过实验加深学生对课堂所学的有机化学的基本理论知识的理解				
基本内容简介	有机化学实验是对学生进行综合训练的重要环节,它不仅巩固学生的基本操作技术和技能,还着重培养学生根据有机反应深入分析反应过程的现象和影响因素的能力,以及熟练掌握产物的分离、提纯和鉴定技术;全面培养学生的动手能力、分析问题和解决问题的能力,为后续学习专业课和开展科研奠定良好的基础				
基本要求	(1)学生在实验前应认真预习,写预习笔记,并对相关的有机化合物的性能有所了解,学会使用相关的手册、文献资料及信息网络查阅有机化合物的化学常识。 (2)学生在实验课中应仔细观察和正确记录,整理分析数据				

续表

基本要求	（3）学生在课后应按规范书写实验报告。 （4）安全、卫生、节约药品的教育和实施应贯穿整个实验过程
教师评分依据	教师以每个学生平时的实验成绩（如实验预习、基本操作、仪器装置、产品质量和数量、安全卫生、科学态度、合作精神、实验报告等）及实验考查作为评分依据
授课方式	多媒体，板书及示范

教学团队成员

姓名	性别	院系	在教学中承担的职责
××	男	化学系	总负责
……	……	……	……

教学内容安排如下（按16周共计32学时，具体到每节课内容）

1. 讲解安全知识及有机化学实验要求，领仪器，分析牛奶中的蛋白质，学习熔点测定方法，目的如下。

（1）了解有机化学常见事故、预防方法及处理措施。

（2）了解合成化学实验要求，掌握实验预习和实验报告撰写的方法。

（3）清点并熟悉实验所需仪器。

（4）学习从牛奶中分离蛋白质的基本原理。

（5）掌握大型离心机的正确使用方法。

（6）学习测定熔点的基本方法。

预习内容：1～26页，129～131页

2. 双（二亚苄基丙酮）钯的合成及熔点测定，目的如下。

（1）掌握磁力搅拌合成装置的使用。

（2）合成双（二亚苄基丙酮）钯。

（3）掌握有机溶剂重结晶的操作方法。

（4）掌握熔点仪测熔点的方法。

预习内容：17页，22～26页，71～74页，158～163页

3. 提取茶叶中的咖啡因，目的如下。

（1）掌握用脂肪提取器提取天然物质的方法

续表

（2）掌握粗蒸馏的操作方法。 （3）学习常压升华操作及纯化固体有机物的方法。 预习内容：17页，163～165页，171～172页 4. 溴丁烷的合成，目的如下。 （1）学习气体吸收装置的安装方法。 （2）掌握使用分液漏斗进行萃取、洗涤、分液的方法。 （3）掌握用干燥剂干燥液体有机物的方法。 预习内容：151～153页，35～36页，155～157页 …… 8. 归还仪器（注意检查仪器是否完好，确保实验室整洁有序）
课内外讨论或练习、实践、体验等环节设计：带着问题查资料，与老师和同学讨论交流，深化对实验内容的理解和应用
助教的工作内容（如需配备助教）：当好教师的助手，协助教师完成实验教学任务
考核和评价方式（提供学生课程最终成绩的分数组成，体现评价过程）： 学生预习（5%）、操作规范（10%）、实验结果（20%）、实验卫生（5%）、实验报告及讨论（30%）、实验考查（30%）
教材和教学参考资料（包括作者、书名、出版社和出版时间）： ×××等.大学有机化学实验[M].上海：复旦大学出版社，2006.

这份课程大纲好在哪里？

首先，这份课程大纲的板块设置十分全面，涵盖了教学的基本要求、授课方式、教学内容安排、课内外讨论或练习设计、助教的工作内容以及考核和评价方式等多个方面，为教学的顺利实施提供了全面的指导。

其次，它的教学安排非常详细，具体到每一节课的详细内容和涉及的教材页码。这种安排不仅有助于教师更好地组织教学，而且为学生提供了明确的学习目标和参考，增强了教学的落地性和可操作性。

最后，它的考核和评价方式具体且全面，详细列出了每种考核方式的占比，充分体现了评价的公正性和客观性。同时，这种评价方式也符合SMART目标制定原则，即具体（Specific）、可测量（Measurable）、可达成（Achievable）、相关性（Relevant）和有时限（Time-bound），有助于激励学生积极参与学习，提高教学效果。

4.2.2 如何用AI写好课程大纲

在利用AI撰写课程大纲的过程中，我们可以遵循以下步骤来确保大纲的质量和实用性。由于这一过程涉及文档上传、读取以及内容的智能生成，因此建议使用一些先进的AI工具，如Kimi或讯飞星火等。

第一步：明确AI的任务范围

需要注意的是，不同学校、不同地区的课程大纲可能有所不同，但通常都包含一些基本板块，如课程名称、课程性质、代课老师、考核方式、教材和资料等。在利用AI撰写大纲时，我们可以快速填写这些基本信息。而需要用AI帮助完成的部分则主要包括基本内容简介、基本要求、教学内容安排等板块。

第二步：利用AI生成部分内容

以大学的公开课"马克思主义基本原理"为例，我们来演示基础的操作步骤。

> **提示词：**
>
> 现在请你扮演一名大学老师，你教授的是"马克思主义基本原理"这门课程，面向的是法学系的大一学生。
>
> 请基于这些信息撰写这门课程的大纲，重点完成【教学目的】【基本内容简介】【基本要求】【教学内容安排】等板块的内容。
>
> 请尽量结合"马克思主义基本原理"的课程内容进行撰写和细化，使其具体且可落地。

AI 回答：

课程大纲——马克思主义基本原理

【教学目的】

● 使学生理解马克思主义的基本原理，包括哲学基础、政治经济学和科学社会主义等内容。

● 培养学生运用马克思主义原理分析和解决实际问题的能力，特别是在法学领域中的应用。

● 增强学生的社会责任感和历史使命感，培养学生的批判性思维和创新能力。

● 促进学生对社会主义核心价值观的认同，为他们的职业生涯和社会生活打下坚实的理论基础。

【基本内容简介】

● 马克思主义哲学基础：辩证唯物主义和历史唯物主义的基本概念、原理和方法。

● 马克思主义政治经济学：资本主义经济制度的本质、矛盾和发展规律，以及社会主义经济制度的基本原则。

● 科学社会主义理论：社会主义的历史必然性、发展阶段和建设社会主义的总任务。

● 马克思主义在中国的发展：中国特色社会主义理论体系的形成和发展。

● 马克思主义与法学：马克思主义原理在法学领域的应用，包括法律的本质、功能和发展规律。

【基本要求】

● 学生应掌握马克思主义的基本原理，并能够准确理解和运用这些原理分析问题。

● 学生应具备将马克思主义原理与法学知识相结合的能力，能够在实践中灵活运用。

● 学生应能撰写关于马克思主义原理及其在法学中应用的论文和报告，展示他们的理解能力和分析能力。

● 学生应积极参与课堂讨论和实践活动，培养其团队合作精神和批判性思维。

【教学内容安排】

第一周：马克思主义基本原理及其历史背景

- 理论基础：历史唯物主义和辩证唯物主义。
- 社会历史观：社会发展的历史规律。

第二周：资本主义的产生和发展

- 资本主义经济结构及其特征。
- 马克思主义的政治经济学理论。

第三周：马克思主义对法律的批判与反思

- 法律与经济关系的分析。
- 阶级斗争与法律制度。

第四周：马克思主义的社会变革理论

- 社会主义的理想与实践。
- 法律在社会变革中的作用。

第五周：马克思主义在当代社会的意义与挑战

- 马克思主义的当代价值与局限性。
- 马克思主义与法学教育的关系探讨。

通过以上教学内容安排，学生将全面了解马克思主义原理及其在法学领域的应用，培养学生的批判性思维和社会分析能力，为未来的法学研究和实践奠定坚实的基础。

第三步：上传素材，细化教学内容安排

在上一步的AI回答中，【教学目的】【基本内容简介】【基本要求】部分都写得不错，我们可以直接采用。然而，【教学内容安排】部分则比较笼统，没有紧密结合教材或实际情况，因此我们需要针对【教学内容安排】部分来进一步提问。

为了得到较为满意的结果，我们需要准备好教材及相关素材。具体来说，我们可以上传完整的教材目录给AI。这样，AI在理解课程整体结构和内容的基础上，能够更准确地生成与教材相符的教学内容安排。

> **提示词：**
>
> 虽然上述内容整体不错，但【教学内容安排】部分不够具体，需要细化。现在我将提供这门学科的教材目录，请你结合教材目录，重新为我生成【教

学内容安排】，要求按照16个学时展开，内容尽量具体且可落地。

【上传文档】

AI回答：

根据"马克思主义基本原理（2023版）"的目录内容，我为你制定了以下教学内容安排。

1~2学时：导论部分
- 介绍马克思主义的基本概念、发展历程和重要意义。
- 让学生对马克思主义有一个初步的认识和理解。

3~4学时：第一章　世界的物质性及发展规律
- 介绍物质及其存在方式、物质与意识的辩证关系。
- 阐述世界的物质统一性原理，使学生对物质性和物质世界的发展规律有深入理解。

5~6学时：第二章　实践与认识及其发展规律
- 讲解科学的实践观及其意义，实践的本质与基本结构。
- 探讨认识的本质与过程，帮助学生理解实践与认识的辩证运动及其规律。

7~8学时：第三章　人类社会及其发展规律
- 介绍社会存在与社会意识的关系。
- 阐述社会基本矛盾及其运动规律。
- 让学生了解人类社会的存在与发展规律。

9~10学时：第四章　资本主义的本质及规律
- 探讨商品经济和价值规律，分析资本主义经济制度的本质。
- 讲解资本主义的基本矛盾与经济危机，使学生深入理解资本主义的本质和运行规律。

11~12学时：第五章　资本主义的发展及其趋势
- 分析垄断资本主义的形成与发展，探讨当代资本主义的新变化。
- 阐述资本主义的历史地位和发展趋势。

13~14学时：第六章　社会主义的发展及其规律
- 回顾社会主义的历史进程，介绍科学社会主义基本原则。

● 探索现实社会主义的发展规律。

15～16学时：第七章 共产主义崇高理想及其最终实现

● 对共产主义新社会进行展望，解析实现共产主义是历史发展的必然趋势。

● 结合中国特色社会主义共同理想进行讨论，激发学生的奋斗精神。

经过这样的提问和细化，【教学内容安排】部分已经相当详细，可以直接用于教学准备了。

4.2.3 优质课程大纲模板

一份优质的、标准的教学计划通常具有表4-3所示的结构和要求。在使用AI制订教学计划时，我们可以直接将表4-3所示的结构和要求提供给AI，然后让AI根据具体课程信息来填写相关内容。

表4-3 课程大纲模板

"××"课程教学大纲		
类目	包含内容	作用/补充
一、基本信息	课程属性、学分、学时；适用对象；先修课程与知识准备	确定课程的基础信息
二、课程简介	对课程内容的简短描述	吸引学生兴趣，概述学习本课程后能获得的技能和知识
三、教学目标	知识目标、能力目标、价值观目标、思政目标等	明确课程期望达到的教学结果
四、基本要求	理论要求（教师学科专业背景、教学准备、教学方式、教学组织和教学资料等）；实践要求（实验的内容与组织、教学手段等）；思政要求（将思想政治教育融入课程教学中）	细化课程学习的各项要求，确保教学质量和学习效果

续表

"××"课程教学大纲		
类目	包含内容	作用/补充
五、师资队伍	课程组长及成员姓名、学位、职称等	展示教师团队的资质
六、教学资源	教材、扩充阅读资料、文献、思政课程资源等	列出支持课程学习的所有资料
七、教学内容安排	将课程内容划分为若干章节或主题,每个部分聚焦特定的知识点或技能	帮助学生理解课程内容的逻辑结构和组织方式,便于分阶段学习和掌握
八、学习要求	完成教师布置的预习要求、参与课堂讨论的要求、作业要求、课外自主学习要求、考试要求等	与学生约定学习要求,确保学习任务的明确性和可操作性,教师可以根据课程特点和教学要求具体设计
九、考核方案	考核形式(期中考试、期末考试、课堂参与、作业和项目、实验报告、学习日志等)与占比	应明确评估学生学习成果的方式,以确保对学生的学习进度进行全面评估
十、教学进度表	各章节或主题的教学时间分配	规划整个学期的教学流程,确保教学内容的系统性和连贯性
十一、教学要点	每个章节或主题的关键知识点	强调课程中最重要的概念和理论,帮助学生抓住学习重点

本节总结

课程大纲是教育行业的专有名词,AI能够理解并直接根据提供的框架和基本信息来完成大部分内容的编写。我们仅需给出课程的基本信息和整体框架,然后将特定部分,如【教学内容安排】板块等,交给AI来完成。

然而，需要注意的是，由于AI模型本身的输出字数限制，对于【教学内容安排】板块，可能难以一步到位地生成完整且详细的内容。因此，为了获得更加精准和符合需求的教学内容安排，我们需要针对这个板块进行单独提问，并向AI提供教材目录、课程重点等相关信息，以便AI能够更好地理解和生成符合课程要求的教学内容安排。

4.3 用AI做教学设计与案例

案例 浙江舟山马岙中心学校——八年级"道德与法治"

在实际教学中，我们常常发现，即便是讲授同一节内容，不同老师的教学效果却大相径庭。有的老师的课堂上，学生们兴趣满满，积极主动举手回答问题，能够在轻松愉快的氛围中学习；而有的老师的课堂上，学生们则昏昏欲睡，毫无精气神，课后几乎不记得所学内容。这种显著的差别，很大程度上源于课堂设计的不同。

优质的课堂教学设计，能够巧妙地运用生动有趣的教学案例，营造出积极活泼的课堂氛围，激发学生的求知欲和学习兴趣，从而提高教学效率，让学生们真正掌握知识，实现学习的目标。

4.3.1 优质教学设计案例拆解

以下是浙江省舟山市马岙中心学校八年级"道德与法治"学科某堂课的教学设计案例，该案例来源于国家中小学智慧教育平台。我们主要来看一下【教学过程】部分。

"我对谁负责，谁对我负责"教学设计

一、教学目标

（1）学生能认识到角色与责任如影随形，理解每一种角色都要承担相应的责任；明白责任的内涵；理解不同的人有不同的责任，并且这些责任会随着时间和地点的改变而改变。

（2）学生能够了解不负责任的现象及其后果，从而学会承担责任，自觉自愿对自己、他人和社会负责。

（3）学生能认同无论责任来源于何处、责任大小，都要尽心尽力去履行，以促进个人进步，构建美好和谐的社会；进一步内化自身的责任意识，对他人心怀感恩。

二、教学重点和难点

【教学重点】

认识角色与责任的内涵及其之间的关系，明白自身承担的责任。

【教学难点】

勇于承担责任，尽心尽责。

三、教学内容

部编版"道德与法治"八年级上册

第三单元　勇担社会责任

第六课　责任与角色同在

第一框"我对谁负责，谁对我负责"

四、学课类型

新授课

五、教学过程

表4-4　教学过程

学生活动	教师活动	设计意图
（1）观看动漫《白龙马》，师生齐唱。 （2）根据老师提问，学生自由发表观点。	一、新课导入 （1）播放动漫《白龙马》，师生齐唱。 （2）谈话引题，师生互动：有人认为，西行路上唐僧师徒四人缺一不可，你赞同这种说法吗？	通过学生熟悉的文学作品，激发学生的学习兴趣，并引导他们初步感知角色和责任承担的关系

续表

学生活动	教师活动	设计意图
小组活动：我会识责 学生分小组根据要求完成活动。 （1）从信封中取出角色卡，组员认领想要担当的角色。 （2）将认领的角色贴在胸口，作为自己的专属名牌卡。 （3）小组内分享，说说自己的角色及角色背后要承担的责任。 （4）在班级内分享，并接受老师的快问快答	二、新课教学 （一）说角色，识责任 （1）教师指导学生开展小组活动，引导学生对结果进行展示。 （2）教师设问，邀请学生快问快答。 问题1：你觉得有没有无责任的角色？ 问题2：判断题，每个人都有不同的角色，但这些角色不会随时间和地点的改变而改变？ 问题3：在你的角色里，你对哪些人负责了？ 问题4：可以分享你对责任的理解吗	通过学生之间、师生之间的互动，让学生更加深刻地理解责任的内涵，明白角色和责任之间的关系，并引导学生思考"我对谁负责"
任务单活动：写一写 （1）根据责任的内涵，结合生活举例。 （2）个人完成后在小组内和班级内分享	教师提问引导：有没有不负责任的人或行为呢？ 注：教师提供与学生相关的生活场景（如校园、公交车、电影院等），引导学生完成任务单	让学生回忆生活中不负责的行为或人，为后续学习做好铺垫，同时贴近学生生活，进一步提升责任意识
案例分析：报刊亭疑云 （1）朗读（分角色）并分析案例。 （2）思考问题，可在小组内讨论，并在班级内分享心得	（二）不推卸，学担责 （1）教师出示案例，并设问：你们猜猜小明会做出怎样的选择？ （2）教师继续追问：事情发展下去会有怎样的危害？ 教师应提供思考角度，如学习、身心、班级风气、对家庭、对社会、违法犯罪等	通过案例分析，培养学生综合分析问题的能力，并引出责任归属的讨论

续表

学生活动	教师活动	设计意图
学生感悟	小结：如果学校能加强管理，家长能加强监护，报亭老板能遵纪守法，小明能对自己负责，哪怕有一方承担了责任，就可以避免事情的发生。但故事里却没有人承担责任，反而都在推卸责任	学生能体会角色与责任承担的重要性，明白责任不容推卸
漫画赏析：我要担责 通过漫画，感知在社会中推卸责任的后果	教师出示推卸责任的漫画	升级不承担责任的严重后果，加深学生对"责任不容推卸"的感悟
新闻补充：空姐顺风车遇害 思考问题，自由发表观点	教师出示空姐深夜遇害的案例，提出如下问题。 （1）滴滴的处理方式你们赞同吗？ （2）联系滴滴之前的不重视及后果，你明白了什么？ 小结：失责后要尽早弥补。虽然某些失责不会立即爆发恶性结果，但长期积累终将损害他人利益。面对失责行为，要勇于指出，因为最终我们都可能受到他人失责的影响	由小到大，由浅入深，学生通过身边的案例、社会的案例，深切感受到失责的严重性
小组讨论：我愿尽责 （1）观察图片。 （2）小组展开讨论。 （3）班级分享	（三）畅未来，尽责任 教师出示社会中的人物图片。 （1）提问：这些人在对谁负责？是怎么负责的？ （2）追问：引导学生讨论，面对为我们负责的人，我们应该怎么做才能对他们负责呢？ 小结：无论角色大小，都必须尽心尽责，承担责任	将责任意识再次提升，引导学生明白社会中有许多人在"对我们负责"，我们要常怀感恩之心

学生活动	教师活动	设计意图
课后活动：共畅未来 学生将对未来角色的畅想写下，交由老师封存	三、课后活动 教师引导学生畅想未来： （1）现在的你是学生，未来的你会是什么角色呢？ （2）对未来的自己写一段话吧！（你会是谁？会对谁负责？你将会怎样诠释自己的角色？）	畅想角色，努力尽责，为自己的美好生活和整个社会的幸福和谐种下希望的种子
—	四、新课小结 师生共同回顾课堂开头的图片	强调"我对谁负责，谁对我负责"的重要性，鼓励学生自觉付诸行动，共同创建美好社会
—	板书设计： 贴画和粉笔字结合，呈现"识责→担责→尽责→美好的社会"的脉络	清晰展示教学思路，帮助学生理解和记忆

这个课程设计的优点主要体现在以下几个方面。

（1）课程开场极具吸引力。在导入环节，通过播放一首学生们耳熟能详的歌曲《白龙马》，迅速抓住了学生们的注意力，并巧妙地通过歌曲内容引入角色提问和责任思考，为后续的学习内容奠定了坚实的基础。

（2）课程互动性强、案例丰富多样。整个课程被巧妙地分为"我会识责"、"我要担责"和"我愿尽责"等多个环节，每个环节都包含了多次互动与讨论。丰富的案例不仅极大地激发了学生的学习主动性，还让他们在讨论中深化了对课程内容的理解。

（3）教学方式多样且富有创意。课程结合了歌曲、图片、新闻事件展示、板书、漫画等多种教学方式，极大地丰富了学生的感官体验，使学习变得既有趣又引人深思。同时，通过启发式、探究式的教学方法，引导学生自主思考、独立解决问题，培养他们的批判性思维和创新能力。

（4）知识点融合紧密且层层递进。课程从"识责"开始，逐步深入"担责"和"尽责"，知识点由小到大、由浅入深，形成了一个完整且系统的知识体系。这样的设计确保了学生在课堂上能够充分理解和掌握课程内容，为他们的未来发展奠定了坚实的基础。

4.3.2 如何利用 AI 做课堂设计与教学案例

AI在内容创意和案例设计方面表现出色，因此，像之前提到的那样优秀的教学设计，完全可以通过AI来完成。在本小节中，我们推荐使用的工具是文心一言和秘塔AI搜索。

然而，AI难以一步到位地生成完整的课堂设计。为了充分利用AI的潜力，我们需要将课堂设计拆解为更小的步骤，并引导AI按照这些步骤逐步完成。

1. 利用 AI 设计课堂环节

我们需要利用AI来设计某节课的大致环节，即构建课程的初步框架。以上一小节的八年级"道德与法治"中的"我对谁负责，谁对我负责"这堂课为例进行说明。

为了使AI的回答更加精准且贴合教材内容，我们在提问前需要准备好关于这个课程的内容提要，或者直接拍摄教材内容作为文档在提问时上传给AI。此外，为了获得多样化的课堂形式，我们可以让AI设计多个课堂方案，以便从中选择最合适的方案。

> 🔟 **提示词：**
>
> 角色：你是一名专业的中学老师，擅长进行有趣的课堂设计。
>
> 任务：现在请你根据我提供的文档资料，为八年级"道德与法治"课程进行教学形式设计，课程主题是"我对谁负责，谁对我负责"。
>
> 要求：请你至少设计出三种形式，并尽量细化，以表格形式呈现，包括学生活动、教师活动以及设计意图。

🅰️ AI回答：

教学形式	学生活动	教师活动	设计意图
角色扮演	（1）学生分组并选择具体场景，如家庭、学校、社会等。 （2）分配角色，如家长、学生、老师、领导等。 （3）根据场景和角色编写并表演小剧本，主题为"我对谁负责，谁对我负责"。 （4）表演结束后，其他学生评价并讨论	（1）提供场景建议，协助学生分组和分配角色。 （2）指导学生编写剧本，提供表演建议。 （3）观看表演，引导学生进行评价和讨论	（1）让学生通过亲身体验和观察，深入理解责任的概念和重要性。 （2）培养学生的团队合作精神和创新思维。 （3）增强学生的表达能力，培养学生的批判性思维
案例分析与讨论	（1）教师展示与"责任"相关的真实案例或故事，如青少年犯罪、环境污染等。 （2）学生分组，每组选择一个案例进行深入分析，并讨论案例中涉及的责任问题。 （3）每组选出一名代表，向全班汇报分析结果和讨论成果	（1）准备具有代表性的案例，引导学生关注案例中的责任关系。 （2）巡视指导，解答学生疑问。 （3）鼓励学生积极发言，倾听并总结分享成果	（1）让学生通过分析真实案例，了解责任在现实生活中的体现和重要性。 （2）培养学生的逻辑思维和批判性思维。 （3）增强学生的语言表达和沟通能力
承诺与行动计划	（1）学生反思自己在日常生活中承担的责任，并写下责任承诺，如遵守学校规章、保护环境、尊敬父母等。 （2）学生分组讨论并制订具体的行动计划，以落实责任承诺。 （3）每组选出一名代表，向全班汇报行动计划，并接受同学们的建议和意见	（1）引导学生反思并写下责任承诺。 （2）指导学生制订行动计划，并提供必要的帮助和建议。 （3）组织学生汇报，并鼓励学生之间互相学习和借鉴	（1）让学生认识到自己在日常生活中所承担的责任，激发责任感。 （2）培养学生的规划能力和执行能力。 （3）促进学生之间的交流和合作，培养团队协作精神

续表

教学形式	学生活动	教师活动	设计意图
责任树绘制活动	（1）每位学生绘制一棵"责任树"，树根代表对自己负责，树干象征家庭责任，树枝延伸至学校、社会等更广泛的责任领域。 （2）在每个部分贴上或写上具体责任事项、期望与实现方式。 （3）分享个人的责任树，讨论彼此责任观的异同	（1）引导学生思考个人责任与社会责任之间的联系，提供绘制模板或示例。 （2）巡视指导，鼓励创意表达，确保每位学生都能深入参与。 （3）组织全班展览，促进交流，总结共性与差异，提升对责任感的认知	（1）以直观的艺术形式帮助学生构建全面的责任认知体系。 （2）促进自我反思与相互学习，强化责任感的内化过程

以上 AI 给出的教学设计框架基本可以被直接采用。我们可以选择其中一到两种形式，将其融入我们的课堂设计中，并继续利用 AI 来进一步细化这些案例和具体内容。

2. 用 AI 来搜集教学案例

以上述第二种教学设计方案（案例分析与讨论）为例，我们可以让 AI 搜集与主题密切相关的教学案例材料，以此丰富课堂细节，使教学内容更加生动和具体。

> **提示词：**
> 我觉得上面的【案例分析与讨论】设计得很好，请你以这个形式和框架为主，展开具体的课堂设计，并提供三个真实的案例作为教学案例贯穿其中，形成完整的课堂设计。

> **AI 回答：**
> "道德与法治"课堂设计——"我对谁负责，谁对我负责"

一、教学目标

1. 让学生理解责任的概念和重要性。

2. 引导学生分析真实案例，探讨其中涉及的责任问题。

3. 培养学生的逻辑思维、批判性思维，增强他们的社会责任感。

二、教学准备

1. 挑选三个与"责任"相关的真实案例，如2023年××学校校园霸凌事件、2024年××小区物业纠纷案例、2024年××市感动中国人物事迹等。

2. 准备多媒体设备用于案例展示。

三、教学过程

1. 导入新课（5分钟）

- 教师简要介绍课程主题："我对谁负责，谁对我负责"。
- 通过提问引发学生思考："你们认为什么是责任？在生活中，你们承担过哪些责任？"
- 引导学生思考并分享自己的理解。

2. 案例展示与讨论（30分钟）

- 案例一：2023年××学校校园霸凌事件（10分钟）
  - 教师用多媒体展示案例详情，并简要介绍背景。
  - 提问："在这个案例中，哪些人需要承担责任？分别承担什么责任？为什么？"
  - 学生分组讨论，每组选出一个代表汇报讨论结果。
  - 教师点评，引导学生深入思考校园责任和同学间的相处之道。

- 案例二：2024年××小区物业纠纷案例（10分钟）
  - 教师展示案例新闻报道和现场图片。
  - 提出："这是谁的责任？我们如何避免类似纠纷的发生？"
  - 学生分组讨论，提出解决方案。每组选出一名代表汇报，其他同学提出补充或建议。
  - 教师总结，强调个人责任与公共责任的重要性。

- 案例三：2024年××市感动中国人物事迹（10分钟）
  - 教师以视频和报道的形式展现人物的事迹。

- 提问:"这个人物的行为体现了什么?他该承担哪些责任?"
- 学生思考并分享自己的看法。
- 教师引导学生认识社会责任的重要性,并鼓励他们积极承担责任。

3. 总结归纳(5分钟)
- 教师总结三个案例的讨论要点,强调责任在不同情境下的体现。
- 引导学生归纳责任的概念、重要性以及如何在生活中积极承担责任。

4. 拓展延伸(5分钟)
- 教师提出一个与责任相关的思考题:"如果你是一位社区志愿者,你会如何为社区的环境卫生负责?"
- 学生思考并分享自己的观点。
- 教师点评并鼓励学生将所学应用到实际生活中。

5. 作业布置

要求学生撰写一篇短文,描述自己在生活中承担过的一个具体责任,并阐述这个责任对自己和他人的意义。

四、教学反思

课后,教师应反思学生对责任概念的理解程度、案例讨论的效果以及课堂氛围,以便在后续教学中进行针对性的改进。同时,教师也应关注学生的情感态度变化,鼓励他们在生活中积极承担责任,培养良好的道德品质和社会责任感。

至此,AI已经能给出一个比较完善且有细节和案例的教学设计了。

3. 利用 AI 进行提问与总结

如果想要用AI实现更多的互动,升华课堂使其更贴合主题,我们还需要补充更多的提问,以及做好课程的总结。

> **提示词:**
>
> 以上教学设计很棒。请帮我为每个案例补充3个互动问题,并在最后加上课程总结,使案例之间更连贯、更好地贴合主题。

🤖 AI回答：

案例一：2023年××学校校园霸凌事件

互动问题：

1. 你认为在这个案例中，霸凌者具体需要承担哪些责任？

2. 如果你目睹了校园霸凌现象，你会采取哪些合理且有效的措施来及时制止并报告？

3. 如果你是被霸凌者，你会如何寻求帮助？你认为学校和社会应该如何加强保护机制，以确保学生的身心安全？

案例二：2024年××小区物业纠纷案例

互动问题：

1. 在公共场所，你认为谁应该承担维护环境整洁的主要责任？为什么？

2. 如果你是公共场所的管理人员，你会采取哪些措施来维护环境卫生？

3. 作为个人，在公共场所应该如何自律，以展现对公共卫生和环境的尊重与责任？

案例三：2024年××市感动中国人物事迹

互动问题：

1. 在这个案例中，这个人物承担了哪些社会责任？

2. 你认为社会中每个成员应该承担哪些责任？为什么？

3. 你能分享一个自己在社会中主动承担责任的经历吗？这对你有什么意义？

总结归纳：

1. 教师总结三个案例的讨论要点，强调责任在不同情境下的具体体现及其重要性。

2. 引导学生归纳责任的概念、重要性以及如何在生活中积极承担责任。

3. 提问："通过今天的讨论，你对'我对谁负责，谁对我负责'这个主题有了哪些新的认识和感悟？"

课程总结：

在今天的课程中，我们通过三个真实的案例，深入探讨了"我对谁负责，谁对我负责"的主题。从校园霸凌事件中，我们深刻认识到个人行为对他人和社会造成的影响，以及每个人需要为自己的行为承担相应的责任。在物业纠纷的案例中，我们认识到作为社区的一员，对公共环境的维护是我们共同的责任。而在感动中国人物事迹的案例中，我们感受到了社会成员之间勇于担当、无私奉献的精神，以及这种精神对社会运转的重要性。通过今天的讨论和学习，希望大家能够更加明确自己的责任所在，勇于担当，积极作为，共同为建设一个更加和谐、美好的社会贡献自己的力量。

通过上述步骤的完善和整合，一份完整、详细、案例丰富且互动性强的教学设计便呈现在我们面前了。

4.3.3　5种有趣的课堂设计方式

课堂有趣，才能吸引学生。通过设计有趣的课堂活动，可以将教学内容与学生的兴趣、参与度紧密结合。接下来，我们介绍5种有趣的课堂设计方式，旨在帮助学生更好地学习和参与，让课堂变得更加生动有趣。

1. 游戏化学习

将学习内容转化为游戏形式，充分利用学生的竞争心理和团队精神。例如，设计知识问答竞赛、角色扮演游戏、解谜游戏等，让学生在游戏中学习新知识，锻炼解决问题和团队协作的能力。利用数字化工具，如在线游戏平台或手机应用，使游戏化学习更加便捷和有趣。

示例：

在英语课上，设计一个角色扮演游戏，学生分组扮演不同角色，使用英语进行交流。设定具体的任务目标，如完成对话、解决问题等，并根据表现给予积分奖励，以激发学生的参与热情。

2. 项目式学习

让学生在一段时间内完成一个与课程内容相关的项目，如制作模型、编写报告、制作视频等。项目可以围绕现实生活场景或实际问题展开，以提高学生的实践能力和问题解决能力。通过小组合作的形式，培养学生的团队合作和沟通能力。

示例：

在科学课上，设计一个制作太阳能发电器的项目。学生分组进行设计和制作,并在课堂上展示他们的成果。通过项目实践,学生将深入了解太阳能发电的原理和制作方法,增强实践能力。

3. 模拟情境

创设与课程内容相关的模拟情境,让学生在模拟情境中进行学习和实践。例如,模拟法庭辩论、商业谈判、新闻发布会等,让学生在模拟情境中体验和学习专业知识。模拟情境可以帮助学生更好地理解知识,并培养他们的应变能力和表达能力。

示例:

在历史课上,模拟一个历史场景,如古代宫廷宴会。学生分组扮演不同的角色,如皇帝、官员、宫女等,通过角色扮演和互动交流,了解古代宫廷文化的特点和礼仪规范,增强历史学习的趣味性。

4. 翻转课堂

将传统课堂中的讲授和作业颠倒过来,让学生在课前通过观看视频、阅读资料等方式自主学习新知识。在课堂上,教师则组织学生进行讨论、交流和实践,以巩固和应用所学知识。翻转课堂可以提高学生的自主学习能力,并让他们在课堂上更加积极地参与和互动。

示例:

在地理课上,教师提前准备一段教学视频,讲解新的地理知识点和解题方法。学生在课前观看视频并自主学习。在课堂上,教师组织学生进行小组讨论和问题解决活动,让他们通过实践来巩固和应用所学知识,提升学习效果。

5. 创意表达

鼓励学生通过创意表达来展示他们对课程内容的理解和感悟。例如,让学生绘制思维导图、创作歌曲、编写剧本、设计海报等,以独特的方式表达他们的学习成果。创意表达可以激发学生的创造力和想象力,同时增强他们对学习内容的记忆和理解。

示例:

在语文古诗词课上,要求学生根据课文内容进行创意表达。学生可以选择绘画、诗歌创作、朗诵、歌舞、视频等多种形式来表达他们对诗词内容的理解和感受。同时,在课堂上展示和分享他们的作品,让其他同学欣赏和学习,共同营造浓厚的学习氛围。

在设计这些有趣的课堂活动时,教师需要注意以下几点。

(1)确保活动内容与课程目标紧密相关,避免偏离教学主题。
(2)考虑学生的年龄、兴趣和认知水平,选择适合他们的活动形式。
(3)合理安排活动时间,确保学生有足够的时间进行实践和交流。
(4)给予学生充分的指导和支持,帮助他们顺利完成活动任务。
(5)及时反馈和评价学生的表现,鼓励他们继续进步和成长。

本节总结

教学设计是教师行业的专有名词,AI可以理解并辅助完成,我们仅需提供课程背景和主题、教材信息,AI就能协助我们完成教学设计。要想得到一个详细且完善的课堂设计,我们可以逐步提问,先让AI给出课堂设计框架,然后填充细节和案例,最后补充互动和总结,从而得到较为完善的教学设计方案。

课堂设计有很多有趣且富有创意的形式,我们可以借鉴业内先进的案例,并结合自己的教学实际情况进行灵活应用。

4.4 用 AI 生成学科教案

案例: 小学三年级科学"沙漠中的植物"

老师上课需要准备教案,这是教学工作中不可或缺的一环。有些学校要求每节课、每个知识点都要有对应的教案,甚至需要手写完成。这对于老师来说是一个工作量大且重复度高的工作。然而,AI技术的出现,为我们提供了有效的帮助。

4.4.1 优质教案好在哪?

表4-5展示了小学三年级某位科学老师的教案,主题是"沙漠中的植物"。资料来源于希沃白板的课件库。

表4-5 小学三年级科学"沙漠中的植物"教案

沙漠中的植物
【教学目标】 1.科学知识 (1)能列出至少三种沙漠中的植物种类。 (2)能概括描述沙漠中植物的形态特征。 (3)初步了解沙漠植物的特征与其适应沙漠环境的关系。 2.科学探究 (1)通过观察、实验的方法,引导学生发现仙人掌和芦荟通过减少水分蒸发和储水来适应沙漠环境的形态、结构特点。 (2)初步了解对比实验的基本原则,即控制变量,并能明确模拟实验所揭示的现象与实际事物的联系。 (3)通过提取阅读资料中的信息,了解骆驼刺和梭梭草适应环境的结构特点,即发达的根系。 3.科学态度 (1)能在好奇心的驱使下,主动搜集有关沙漠和沙漠植物的信息。 (2)能在已有的知识基础上,与同学合作讨论有利于沙漠植物生存的其他生物结构。 4.科学、技术、社会与环境 (1)认识到土地沙漠化已成为世界性难题,培育优良的抗旱植物对于沙漠的绿化有重要意义。 (2)了解沙漠植物对人类社会的价值,增强保护沙漠植物的意识
【教学重点】 探究沙漠植物的生存本领
【教学难点】 在将观察、操作的结果与模拟实验的现象建立联系的过程中,发现仙人掌和芦荟的形态、结构特点与其适应沙漠环境的关系

续表

沙漠中的植物
【教学准备】 教师材料：课件、视频。 学生材料：仙人掌、芦荟、放大镜、小勺、塑料布、蜡纸、纸巾 【教学时间】1课时 【教学过程设计】 一、初步认识沙漠中植物的特点 1. 课堂导入 教师：孩子们，这是什么地方（沙漠，幻灯片2）？看到沙漠，你们想到了什么？ 【预设1】学生：黄沙漫天。 教师：是的，沙漠中，一眼望去都是单调的黄色。 【预设2】学生：我想到一句诗："大漠孤烟直，长河落日圆"。 教师：浩瀚沙漠中，孤烟直上，宏伟壮观。 【预设3】学生：骆驼能在沙漠中生存。 教师：骆驼素有"沙漠之舟"的美称。 【预设4】学生：沙漠中也有植物生存，如仙人掌。 教师：是的，尽管这里黄沙漫天（幻灯片3），但依然有植物生存（幻灯片4），它们给原本沉寂的沙漠注入了生命的活力。今天让我们一起走进"沙漠中的植物"（幻灯片5，板书课题：沙漠中的植物）！ 2. 认识沙漠中的植物 教师：你们还知道哪些植物生活在沙漠中？ 学生：仙人掌、仙人球、芦荟、生石花。 教师：不错。看！这几种植物也是沙漠的主人——骆驼刺、梭梭草、沙棘（幻灯片6）。 …… 二、探究沙漠植物的储水本领 实验：挤压仙人掌的茎和芦荟的叶。 教师：仙人掌的表面有毛和叶刺，茎的表面光滑且有蜡质层覆盖。它的内部特征又是什么样的呢（幻灯片8）？我们该如何探究呢？

续表

沙漠中的植物
学生：挤压。 教师：如果挤压仙人掌的茎和芦荟的叶会发生什么呢？ 学生：里面的汁会溅出来。 教师：是不是这样的呢？需要我们亲自去验证。 …… 三、了解沙漠植物的吸水本领 教师：其实，沙漠中的植物不仅储水能力强，它们吸水能力更强（幻灯片14）。请同学们自由阅读教材第17页的内容，说说骆驼刺和梭梭草的本领是什么。 学生：它们有发达的根系。 教师：这么发达的根系有什么作用呢？ 学生：可以吸收地底深处的水分。 …… 四、沙漠植物的共同特征 教师：今天，我们一起观察了仙人掌的茎和叶，探究了仙人掌、芦荟的储水功能，阅读了骆驼刺和梭梭草的吸水功能（幻灯片16）。请同学们思考一下，沙漠中的植物有哪些共同特征呢？ 学生：储水功能强大；在叶子或茎的表面有蜡质层，可以减少水分的蒸发；根系发达。 教师：同学们，沙漠植物正是具有了这样的结构，才能在干旱的沙漠中生存下去（幻灯片17）。它们是防止沙漠化，保护我们家园的绿色屏障。因此，请你们写一份倡议书，号召大家一起保护沙漠植物
结语：（略）
课后作业：无
教学后记：（略）

尽管原教案因篇幅限制在此做了大量省略处理，但其核心优势依然显著，主要体现在以下两个方面。

（1）教学目标设置得既合理又细致，从科学知识到科学探究，再到科学态度，不仅关注学生的知识掌握程度，更关注学生对知识的理解和实际运用能力的培养。

（2）教学过程设计得非常详细，详细到大多数老师只要参照这份教案，都能进行课堂教学。教案紧密地与课件相结合，并详细标注了对应的幻灯片页数，便于教师上课时快速定位。同时，教案还巧妙地结合了学生的提问互动、现场观察等环节，预设了学生可能提出的问题及相应的回答，可见其用心程度。

4.4.2 巧用 AI 快速完成教案

考虑到教案的复杂性和细致性，我们需要分步骤来详细讲解操作方法。在此，我们推荐使用讯飞星火和 Kimi 等 AI 工具来辅助教案的编写。

第一步：准备教案所需资料

要想让 AI 生成高质量的教案，我们需要提前完成以下两项准备工作。

一是获取教案的模板，如表 4-6 所示。如果已有现成的模板，那当然更好；如果没有，可以借鉴表 4-6 提供的模板。这个模板可以指导 AI 完成教案中的各个事项，从而确保教案的结构完整。

表 4-6　教案模板

课题：认识空气
学科：小学三年级科学
所选教材：苏教版小学科学三年级上册（2019）
教学年级：三年级
学习目标 知识目标：×× 能力目标：×× 德育目标：××
学习重点及难点：××
教学问题预测：××

续表

课题：认识空气	
教学准备：××	
教学课时：××课时	
板书设计：××	
教学设计：（可省略）	
课堂总结：××	
作业设计：××	
教学后记：××	

二是上传教材中对应的小节内容。为了确保AI能够准确理解并提取教材内容，建议找到电子版的教材文档进行上传。如果无法获取电子版的教材文档，也可以拍照上传教材内容，但需要注意图片的清晰度，以便AI进行更好的识别和分析。

第二步：根据模板生成对应内容

将准备好的文档资料上传给AI，并进行提问。

> **提示词：**
>
> 请你扮演一名小学三年级的科学老师，结合我提供的教材文档，帮我完成部分教案。
>
> 要求如下。
>
> （1）按照我提供的教案模板，为我完成表格中【××】地方的内容，然后以表格的形式呈现。
>
> （2）填写的内容要紧密结合教材，不要自行发挥或超出教材范畴。
>
> （3）尽量详细、全面，有细节，可落地，尤其是【学习目标】和【教学问题预测】部分。

AI 回答：

课题：认识空气
学科：小学三年级科学
所选教材：苏教版小学科学三年级上册（2019）
教学年级：三年级
学习目标 1. 知识目标 （1）学生能够描述空气的基本特征，如无色、无味、透明、占据空间等。 （2）学生能够理解空气是地球上生物生存的必要条件之一。 （3）学生能够列举出日常生活中空气存在的实例。 2. 能力目标 （1）培养学生观察、实验和记录的能力，通过实践活动感受空气的存在。 （2）提高学生的归纳总结能力，能够从具体现象中抽象出空气的性质。 （3）培养学生的团队合作能力，能够在小组活动中共同完成学习任务。 3. 德育目标 （1）激发学生对自然科学的兴趣，培养学生探索自然奥秘的好奇心。 （2）培养学生实事求是的科学态度。 （3）增强学生的环保意识，认识到保护空气质量的重要性
学习重点及难点 （1）学习重点：空气的基本特征和重要性。 （2）学习难点：理解"空气占据空间"的概念，并通过实验验证空气的存在及其性质
教学问题预测 （1）学生可能难以理解"空气占据空间"这一抽象概念，教师需要设计直观的实验帮助学生理解。 （2）学生在列举空气在日常生活中的应用时，可能会局限于常见例子，教师需要引导学生拓展思维。 （3）在实验过程中，学生可能因操作不当导致实验失败，教师需提前讲解实验步骤和注意事项，并在实验过程中给予及时指导

续表

课题：认识空气
教学准备 （1）教具准备：气球、塑料袋、水槽、吸管、蜡烛、玻璃杯等。 （2）课件准备：包含空气特性介绍、实验演示视频、空气在生活中的应用图片等内容的PPT。 （3）预习任务：让学生提前观察并记录生活中哪些地方可以感受到空气的存在
教学课时：2课时
板书设计 （1）课题：认识空气。 （2）空气的特征：无色、无味、透明、占据空间等。 （3）空气的重要性：生命之源、环境调节等。 （4）实验探究：空气占据空间实验、蜡烛燃烧实验。 （5）生活应用：列举实例
教学设计（可省略）
课堂总结 回顾空气的基本特征、重要性及实验探究过程，强调空气在生活中的重要作用和保护空气质量的意义
作业设计 （1）完成课后习题，巩固所学知识。 （2）观察并记录家中一天内空气流动的情况，撰写观察日记。 （3）设计一个简单的实验，验证空气的其他性质，并准备在下一节课分享
教学后记 记录教学过程中学生遇到的问题及解决方案，反思教学效果，为后续教学提供参考和改进方向

第三步：补充教学设计相关板块

由于AI的输入和输出能力有限，它可能无法一次性生成完全且详细的教案，尤其是教学设计板块。因此，我们需要单独处理这一部分。

在教学设计板块，我们可以充分利用AI进行更深入的处理和生成。按照之前讲解的方法，我们可以提前做好教学设计的内容，并将其巧妙地补充到教案中。

通过以上三个步骤（实际上可能涉及三到四个具体操作环节，包括教学设计的单独处理），我们可以快速且高效地生成一份结构清晰、内容丰富的教案。这份教案不仅与教材内容紧密相连，还非常适合用于课堂教学实践。

本节总结

鉴于教案的复杂性和细致性，我们需要采取分步骤的方法来操作。在此过程中，教案模板的选用和教材内容的准备是不可或缺的，它们将被作为输入信息提供给 AI。

由于教学设计在教案中占据较大比重且内容繁多，我们需要将其单独交给 AI 进行深入处理，以确保其质量和深度。

此外，考虑到教案编写是一项频率高、重复度高的工作，我们可以将经过测试并证明有效的提示词或模板收集起来，以便在后续工作中重复利用，从而提高工作效率和教案质量。

4.5 用 AI 制作教学课件 PPT

 案例　八年级历史——戊戌变法

我们可以发现，尽管教学计划、教案等工作耗时耗力，但因其重复度高、可借鉴案例多，相对而言较容易处理。然而，教学课件 PPT 却是教师们日常需要投入较多精力的一项任务。

4.5.1 优质课件案例拆解

图 4-2 展示了某初中历史老师关于"戊戌变法"这堂课的部分课件，内容来源于希沃白板的课件库。

图4-2 某初中老师关于"戊戌变法"这堂课的部分课件

尽管这份课件仅有13页，内容也并不深奥复杂，设计也不追求华丽高级，但它具备了优质课件的特点。

> 提示词：
> 教师的日常工作需要准备课件PPT，请你站在专业教师的角度，说明一份优质课件的特点。

AI回答：

我认为一份优质课件应具备以下几个特点。

（1）简洁明了的布局：优质课件的布局应简洁明了，避免文字堆砌和复杂的图片设计。每张幻灯片应聚焦于一个核心点，通过精练的文字、简洁的图表和关键词来有效传达信息。

（2）图文并茂的内容：适当使用图片、表格、动画等视觉元素来辅助文字说明，有助于学生更好地理解抽象概念。这些视觉元素不仅能吸引学生的注意力，还能提高课堂参与度。

（3）逻辑严谨的结构：课件的内容应按照逻辑顺序进行组织，确保各个部分之间的衔接紧密、流畅。这有助于学生构建完整的知识体系，更好地理解课程内容。

（4）互动性设计：在课件中设计一些互动环节，如问答、小组讨论、案例分析等,可以激发学生的学习兴趣,提高他们的课堂参与度。这些互动环节还有助于教师了解学生的学习情况,及时调整教学策略,实现因材施教。

(5)实用性强的案例:结合课程内容,引入一些实际案例进行分析和讨论,有助于学生将理论知识与实际应用相结合,提高他们的实践能力和解决问题的能力。

AI 的回答与上述课件案例高度契合。该课件整体布局简洁明了,同时图文并茂,通过由浅入深的日常案例,使得内容既易于理解又富有深度。此外,课件的逻辑结构严谨,各个部分之间的衔接紧密,且设计了许多互动环节,有效提高了学生的学习兴趣和参与度。

对于教师行业而言,课件内容无疑是基础且核心的部分。然而,在确保内容质量的同时,如果还能在课件的美观性上下功夫,那么无疑将为教学效果增添一抹亮色,起到锦上添花的作用。

4.5.2 用 AI 做出好课件

在第二章中,我们已经介绍了 AI 生成 PPT 的基础操作。然而,教学课件通常需要更为精细化的处理。这里,我们再次以 AiPPT 为例,来展示具体的操作步骤。

无论是课件还是日常的工作汇报、教师年度总结等,其制作过程都可以遵循以下 4 个步骤。

1. 设计 PPT 主题提示词

确定一个清晰、准确且吸引人的主题是 PPT 具有演示价值的重要前提。对于课件而言,主题一般是某一节课或一个特定的知识点。而在日常的 PPT 制作中,确认 PPT 的主题需要综合考虑演示的目的、内容、观众需求及行业趋势等因素。主题提示词的构成如图 4-3 所示。

图 4-3 主题提示词的构成

（1）目的。如果目的是推广新产品，那么主题提示词可以包括"创新""市场领先"等关键词，以突出产品的独特性和竞争优势；如果目的是汇报工作进度，则主题提示词应更侧重于"成果""进展"等关键词，以展示工作的实际成果和进展情况。

（2）行业。不同行业各具特色与专有术语，需要将这些元素融入主题提示词中，以增强PPT的专业性和针对性。例如，在教师行业中，主题提示词可以涉及"教育""创新""知识"等词汇。

（3）岗位信息。不同岗位的工作内容和职责不同，在设定主题提示词时需要紧密结合岗位特点。例如，我们的主题是"三年级上学期班主任工作汇报"，需选用符合班主任岗位特性的词汇与表达方式，确保主题提示词能够准确反映汇报的核心内容与重点。

图4-4展示了常见的PPT主题，这些主题提示词巧妙地融入了目的、行业和岗位信息。

图4-4 常见的PPT主题

2. 编辑大纲内容

AI工具能够根据主题快速生成PPT的大纲。例如，我们将教案内容或课程设计的内容提供给AI，让其生成PPT的大纲。然而，为了使内容更优质、更有逻辑，还需要对大纲内容进行反复打磨。PPT的构成要素，如表4-7所示。

表4-7 PPT的构成要素

构成要素	描述	功能与目的
目录	提供PPT内容的概览,列出各个章节或主要话题及其对应的幻灯片编号	帮助观众迅速了解整个PPT的结构
章节过渡页	在PPT中用于衔接不同主题或章节之间的转换,通常包含简洁明了的标题和引言	为观众提供缓冲时间,让他们做好心理准备,同时也提示观众即将进入新的话题或阶段
正文	主要包含文字、图片、视频等核心内容	详细阐述观点,激发观众的情感共鸣
结论/总结	概括PPT的主要内容、结论或行动建议,重申关键要点	强调PPT的重点,引导观众回顾并记住主要内容
致谢	对参与、协助或听取PPT的人表示感谢,可以包含署名和联系方式	表达尊重和感激之情,正式收尾

借助AiPPT等工具,用户可以快速生成PPT大纲,其中包括目录、章节、内页正文等要素。用户可以自行编辑AI生成的PPT大纲如图4-5所示。

3. 确定主题风格

演示文稿类AI工具通常会提供大量主题风格的模板供用户选择。因此,了解各种PPT风格的特点及其适用领域非常重要。

表4-8展示了常见的PPT主题风格及其描述和适用领域。

图4-5 AI生成的PPT大纲

表4-8 常见的PPT主题风格及其描述和适用领域

主题风格	描述	适用领域
商业风	以商务、正式、专业为主要特点,通常使用稳重的配色和字体	适用于企业报告、市场分析等商业场合

续表

主题风格	描述	适用领域
校园风	清新、活泼、富有朝气，通常采用明亮的色彩和卡通图案	适合学生群体以及校园内的非正式活动或展示等
科技风	强调现代感和科技感，使用冷色调和简洁的线条	适合科技产品展示、技术研讨等场合
扁平插画风	以扁平化设计为主，结合插画元素，色彩鲜艳且富有创意	适用于创意展示、广告推广等场合
中国风	融合中国传统文化元素，如书法、国画、剪纸等，展现东方美学韵味	适用于文化传承、旅游推广等场合
手绘风	采用手绘风格，注重细节和个性，更具艺术感和情感色彩	适用于创意设计、故事讲述等场合
杂志风	借鉴杂志排版和设计风格，注重版面的层次感和视觉效果	适合时尚、设计等领域的作品展示

在明确PPT的目的和内容后，可以将不同的主题风格与场合及目的相匹配。完成匹配后，AI工具能快速套用相应的模板。AiPPT提供的风格模板如图4-6所示。

图4-6 AiPPT提供的风格模板

在确认主题、大纲和风格这三个要素后,用户单击"生成PPT"按钮,AI工具会根据用户的选择和输入,生成一套完整且美观的PPT。根据实际需求,用户可以对生成的PPT进行进一步的编辑和美化,如图4-7所示。

图4-7　AI生成的PPT

4. 修改局部细节

虽然AI生成的PPT功能强大,但有时仍需用户进行进一步的编辑和打磨,以达到最佳效果。

在利用AiPPT工具生成PPT后,用户可以进行如表4-9所示的几种操作。

表4-9　PPT操作

操作	描述	操作示例
大纲编辑	直接在左侧导航栏编辑修改大纲,系统即可自动调整对应页面内容	

续表

操作	描述	操作示例
模板替换	可实现整体风格和模板的替换，以及单页风格的调整	
插入元素	插入文字、图片、表格等，丰富PPT内容	
文字设置	包括字体种类、字号大小、字体颜色和样式等的设置	

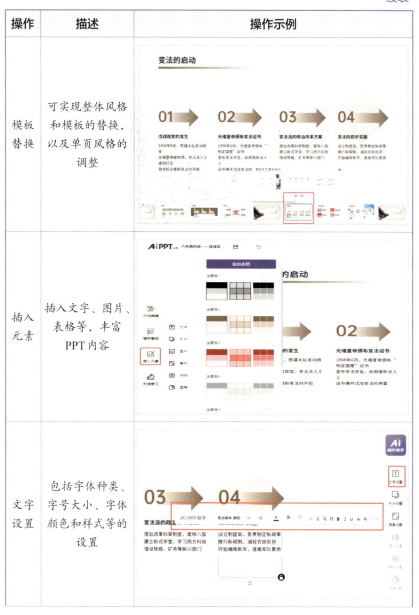

续表

操作	描述	操作示例
图片设置	包括图片替换、裁剪、调色等操作	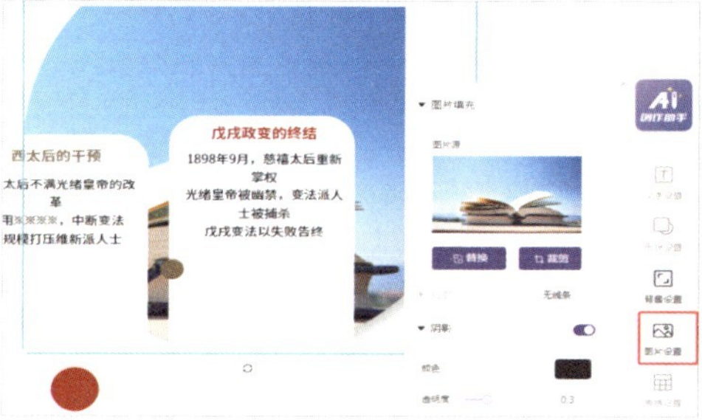

本节总结

优质的教学课件，其基础在于内容与课程设计的精良。在此基础上，我们再进行美化，以达到锦上添花的效果。

AI生成精细化的PPT通常需要4个步骤：设计PPT主题提示词——编辑大纲内容——确定主题风格——修改局部细节。这些步骤都可以借助AI工具高效完成。

总之，在教学准备环节，AI不仅能帮助我们撰写教学计划、完成课程大纲、制作教学设计案例、生成学科教案、制作课件PPT，还能辅助我们备课，如图4-8所示。因此，我们要学会利用AI，习惯使用AI，并掌握好工具使用方法和提问思维。这样，很多问题就能迎刃而解，一通百通。

备课

用途	说明
课程资料整理	整理相关主题的资料、论文摘要和案例研究，构建教学内容的基础。
预测学生问题	预测学生可能在学习过程中遇到的问题，帮助老师事先准备解答和辅导方案。
教学资源推荐	根据课程主题和学生水平，推荐相关的教学资源和学习材料，提高学习效率。
教材编写辅助	协助教师编写教材，生成课文和练习题，提高教学内容质量。
知识点梳理	帮助整理知识点，将教学内容进行分类和梳理，提高教学的逻辑性。

图4-8 AI辅助备课

第5章

AI+ 教学，打造高质量智能化课堂

在备课阶段，AI可以显著提高我们的备课效率，并为我们提供丰富的创意课堂的灵感。然而，在课堂的实际教学中，AI并非扮演主导角色的老师，而是成为辅助学生学习的得力助手。

想象一下，未来的课堂不再局限于传统的传授与接受模式，而是转变为学生们主动探索知识的乐园。每个学生都能与AI进行互动，就像拥有了一位无所不知的私人教师。他们可以随时随地提出问题，而AI则能迅速且准确地给出回应。

在这样的智能化探索式课堂中，每个学生都能找到适合自己的学习节奏，并真正享受学习的乐趣。

5.1 用 AI 设计翻转课堂

案例 武汉工程大学——消费者行为学：马斯洛需求层次理论

翻转课堂，也被称为"颠倒课堂"，是一种创新的教学模式，它将传统的课堂讲授和家庭作业两个环节进行调换，让学生在课前通过视频等方式自主学习新知识，而将宝贵的课堂时间用于讨论、实践和深入理解。

5.1.1 翻转课堂案例拆解

在武汉工程大学广告学专业的消费者行为学课堂上，张老师利用AI设计了一堂生动有趣的翻转课堂，使原本枯燥的"马斯洛需求层次理论"变得生动有趣且易于理解。

1. 教学难点：知识点多，学生理解难度大，参与度低

消费者行为学是一门极具挑战和特色的大学本科课程，其难点在于理论与实践的结合、复杂的心理分析以及不断变化的市场环境等。该课程的特点包括跨学科融合、案例分析应用等。因此，无论是教师授课还是学生理解，都存在一定的难度。

在这节课上，张老师要讲授消费者行为学中的一个经典理论，即"马斯洛需求层次理论"。在以往的教学设计中，张老师会通过板书和PPT的形式来讲解这个理论，其课程框架如图5-1所示。

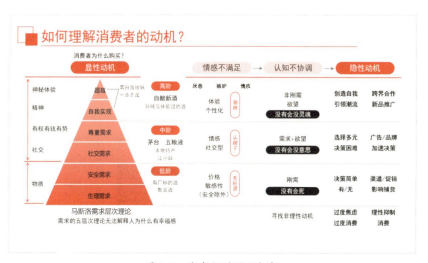

图 5-1　张老师的课程框架

从课程框架可以看出，马斯洛需求层次理论信息量大，不仅需要清晰地阐述五个层次之间的关联，还需要结合五个层次的需求详细讲解不同阶段的产品所对应的消费者需求，并从消费者购买商品的动机进行深入分析，从显性动机到隐性动机等。总之，内容多、概念复杂，对学生的知识综合运用和理解能力提出了很高的要求。

因此，在以往的消费者行为学课堂上，学生们的积极性并不高，大部分时间都放在了对课本中概念的理解上。学生们埋头看书，抬头听课，但对于是否真正听懂往往并不清楚。

2. 解决办法：引入 AI，强化提问，设计互动

为了讲授好这样的课程，仅仅让学生停留在对课本中概念的理解上是远远不够的，必须将这些概念和日常消费场景相结合，才能让学生真正地"懂"。

于是，张老师引入了 AI，并精心设计了翻转课堂流程。其具体步骤如下。

首先，张老师对马斯洛需求层次理论进行了基础的讲解，确保学生们对该理论有一个初步的认识和理解。

其次，张老师让学生们运用马斯洛需求层次理论自由发挥，设计 AI 提示词。这一步旨在引导学生们思考马斯洛需求层次理论与日常生活的关联，并锻炼他们的提问能力。如图 5-2 所示，班级群中涌现了大量的 AI 对话链接和截图，气氛十分热烈。

图 5-2　学生与 AI 对话的截图

接着，张老师展示了自己设计的一些优质AI对话示例，这些示例将课本中马斯洛需求层次理论的知识点用AI进行了全新"演绎"，强化了学生们对这一理论的理解。同时，张老师也给出了一些关于提问方法的启发，帮助学生们更好地掌握提问技巧，如图5-3所示。

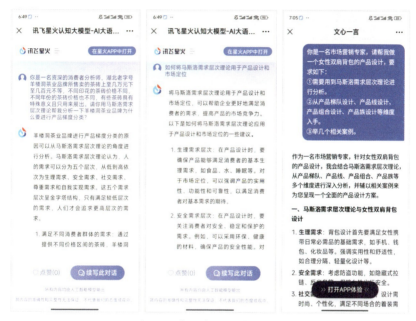

图5-3　老师演示AI对话示例

最后，张老师组织大家进行课堂分组讨论。讨论题目是针对近期的品牌热点现象，结合马斯洛需求层次理论设计一个或多个AI提示词，以得到较为满意的答案，并要求各小组选出最佳答案分享到班级群中，进行讨论和评选。这一步的目的在于引导学生们将马斯洛需求层次理论和日常消费现象相结合，碰撞出新的AI提示词灵感。在这个环节中，学生们讨论热烈，分享了许多富有创意和想象力的AI提问案例到班级群中，如图5-4所示。

图 5-4　同学们分享的 AI 对话示例

经过以上个人与小组的互动环节,学生们对马斯洛需求层次理论有了较为深入的认识。在本节课程即将结束时,张老师引导学生们利用 AI 对课程进行总结,形成个性化的思维导图,如图 5-5 所示。通过再次利用 AI,为这堂课做了一次知识总结,进一步强化了学生们对马斯洛需求层次理论的印象和记忆。

图 5-5　AI 生成的课程思维导图

以上就是整堂课的全部流程，这不仅仅是一个翻转课堂的成功案例，更是一个在课堂上引导学生们使用AI的典范。其翻转思路如下。

引入知识，基础讲解→学生自由发挥，初步运用AI→AI案例演示，发散思维→小组讨论，进一步应用AI→AI总结，形成沉淀。

5.1.2　翻转课堂的N种形式

以下是几种既实用又易于实现的翻转课堂形式，教师们可以参考并结合AI技术来灵活运用。

1. 视频预习与课堂讨论

（1）形式描述。
- 教师提前准备涵盖课程核心知识点的教学视频。
- 学生提前观看视频，完成预习任务。
- 课堂上，教师引导学生讨论视频中的难点，并通过实例加深理解。

（2）实施建议。
- 视频应简短精悍，突出重点内容。
- 预习任务应具有挑战性，以激发学生的求知欲。
- 课堂讨论中，教师应鼓励学生积极参与，及时给予指导和反馈。

2. 案例分析与实践操作

（1）形式描述。
- 教师提供与课程相关的实际案例。
- 学生课前分析案例，形成初步的解决方案。
- 课堂上，学生分享自己的分析和解决方案，有条件的可以进行实践操作和验证。

（2）实施建议。
- 案例应具有代表性和启发性，能够与课堂知识点紧密结合。
- 教师应提供必要的资源和指导，帮助学生完成案例分析。
- 实践操作环节应确保安全，鼓励学生互相协作，共同完成任务。

3. 小组合作与项目展示

（1）形式描述。
- 教师将学生分成小组，并为每个小组分配一个与课程主题相关的项目。
- 学生在课前进行项目研究，准备展示材料。
- 课堂上，各小组展示自己的项目成果，并接受其他小组和教师的评价和建议。

（2）实施建议。
- 项目应具有一定的挑战性和创新性，能够激发学生的学习兴趣和创造力。
- 教师应关注学生的项目进度，提供必要的帮助和支持。
- 展示环节应注重学生的互动和参与，教师应及时给予鼓励、提出问题和建议。

4. 思维导图与知识梳理

（1）形式描述。
- 教师提供课程的核心知识点或框架。
- 学生在课前绘制思维导图，梳理知识点之间的联系。
- 课堂上，学生分享自己的思维导图，并与其他同学交流学习心得和体会。

（2）实施建议。
- 教师应提供绘制思维导图的工具和方法指导。
- 思维导图应简洁明了，突出重点和关键信息。
- 分享环节应注重对学生的思考和表达能力的培养。

5. 互动问答与知识竞赛

（1）形式描述。
- 教师提前准备与课程相关的题目。
- 学生在课前通过在线平台进行自主学习，并尝试解答题目。
- 课堂上，教师组织学生进行互动问答和知识竞赛，检验学习效果。

（2）实施建议。

- 题目应具有层次性，能够覆盖不同学生的学习需求和水平。
- 互动问答和竞赛环节应设置奖励机制，以激发学生的学习兴趣和积极性。
- 教师应关注学生的学习状态，提供必要的指导和帮助。

6. 课堂游戏与头脑风暴

（1）形式描述。
- 学生分成小组，每组围绕一个与课程内容相关的主题或问题进行头脑风暴。
- 在头脑风暴过程中，鼓励学生自由发表观点，不批评他人，追求观点数量的同时保证质量。
- 组内讨论结束后，各小组分享头脑风暴成果。教师作为指导者，引导学生深入思考并提供必要的支持和反馈。
- 其他小组和教师进行点评、补充和提问，促进观点的交流和碰撞。
- 教师对课堂讨论进行总结，强调重要观点和创新点，帮助学生巩固所学知识。

（2）实施建议。
- 精选主题。选择与课程内容紧密相关、能够激发学生兴趣的主题或问题。主题应具有开放性和挑战性，能够引导学生进行深入思考和探索。
- 合理分组。根据学生的特点和能力进行合理分组，确保每个小组的成员能够协作，共同完成任务。
- 营造氛围。在课堂上营造轻松、活跃的氛围，鼓励学生敢于表达、敢于创新。教师应给予学生充分的支持和鼓励，激发他们的自信心和学习动力。
- 及时反馈。在头脑风暴和课堂讨论过程中，教师应及时给予学生反馈和建议，帮助他们发现自己的不足并加以改进。

以上几种翻转课堂形式各具特色，教师们可以根据具体课程内容和学生们的学习需求进行选择和组合，以创造出更加生动、有趣的课堂体验。

5.1.3 如何用 AI 设计翻转课堂

翻转课堂有多种形式，通过巧妙的提示和引导，AI 可以为我们设计出详细的翻转课堂方案。

方法一：随机设计

当我们不确定采用哪种翻转课堂的形式，或者缺乏相关灵感时，可以交给AI来随机生成一个翻转课堂的设计方案。为此，我们需要准备好与课程相关的信息，包括课堂面向的群体、所使用的教材、课程的主题、课程的主要内容及逻辑结构、大致教学要求等。提供的信息越详细，AI给出的设计方案就越精准。

> **提示词：**
>
> 请你扮演一位经验丰富的教师，帮我设计一个翻转课堂的方案。
> 翻转课堂面向：【初中八年级（上）地理课程】。
> 使用的教材：【晋教版初中地理八年级上册】。
> 课程主题：【紧缺的水资源】。
> 课程内容逻辑：【地球的水资源趋势；可使用的淡水资源；我国水资源的特点、空间分布及时间分布；我国部分地区缺水的原因及其带来的后果；跨流域调水举措；节约和保护水资源的重要性及方法探讨；农业、工业、家庭节水措施】。
> 要求：翻转课堂的设计要详细、完整，细化到具体的操作步骤；方案操作难度低，可落地实施；按照时长45分钟来合理分配；以表格形式呈现。

> **AI回答：**
>
> 翻转课堂的设计精髓在于，让学生在课堂之外通过自主学习获取新知识，而在课堂上则专注于讨论、应用和深入理解这些知识。以下是一个详细的翻转课堂方案，该方案分为课前准备、课中活动和课后作业三个部分，以45分钟为一节课的时间单位进行分配。

环节	内容	操作步骤
课前准备 （10分钟）	教师准备学习资源，学生自主学习	（1）教师提前制作或挑选与课程内容相关的视频、PPT、阅读材料等，并设置检测题目

续表

环节	内容	操作步骤
课前准备（10分钟）		（2）学生利用这些资源进行自主学习，完成教师布置的检测题目，以检测自学效果
课中活动（30分钟）	讨论、分析、角色扮演与成果展示	（1）快速问答：教师通过快速问答来检测学生的自学效果，并解答学生的疑惑。 （2）小组讨论：学生分成小组，讨论我国水资源的特点及分布，分析部分地区缺水的原因及后果。 （3）实例分析：教师提供实例资料，引导学生分析讨论跨流域调水举措的作用。 （4）角色扮演：学生分组扮演农业、工业、家庭等不同角色，探讨节水措施和方法。 （5）成果展示：各组分享讨论成果，全班进行交流讨论
课后作业	作业布置与提交	学生选择以下作业之一完成。 （1）学生根据课堂讨论，撰写关于节水重要性的短文。 （2）学生设计一个针对家庭、学校或社区的节水方案。 （3）学生完成一份关于保护水资源的调查问卷并提交给教师审核

这个方案充分考虑了学生的自主学习能力以及课堂上的互动性，旨在通过翻转课堂的模式提高学生的学习兴趣和参与度，让学生在实践中更好地理解和掌握课程内容。

需要注意的是，尽管本方案已经考虑了多种因素并尽量满足教学需求，但在实际操作中可能会遇到一些问题。例如，学生的自主学习能力、课堂讨论的活跃度以及作业完成的质量等。因此，教师在实施过程中需要灵活调整，并根据学生的反馈进行必要的优化和改进。

此外，如果希望进一步细化或定制翻转课堂的设计，可以直接给AI指定具体的翻转课堂方法，如视频预习与课堂讨论、案例分析与实践操作等，让AI依据这些方法设计更加具体和个性化的流程和内容。

方法二：指定方法设计

在使用指定方法设计翻转课堂时，同样需要准备好课程相关信息用以向AI提问。我们需要明确告知AI我们想要的翻转课堂的主要形式，如头脑风暴、案例分析、小组讨论、辩论赛、知识竞赛、思维导图知识梳理等。

> **提示词：**
>
> 请你扮演一位经验丰富的教师，帮我设计一个翻转课堂的方案。
>
> 课堂面向：【初中八年级（上）地理课程】。
>
> 使用的教材：【晋教版初中地理八年级上册】。
>
> 课程主题：【紧缺的水资源】。
>
> 课程内容逻辑：【地球的水资源趋势；可使用的淡水资源；我国水资源的特点、空间分布及时间分布；我国部分地区缺水的原因及其带来的后果；跨流域调水举措；节约和保护水资源的重要性及方法探讨；农业、工业、家庭节水措施】。
>
> 要求：以【头脑风暴】为主要形式来设计翻转课堂，设计方案要详细、完整，细化到具体的操作步骤；设计方案操作难度低，可落地实施；按照时长45分钟来合理分配；以表格形式呈现。

AI回答：

课程进度	教师安排	学生活动	设计意图
0～5分钟	（1）引入课程主题"紧缺的水资源"，简要介绍课程背景和重要性	（1）聆听教师介绍，思考水资源紧缺的原因。 （2）思考并回答教师的问题	（1）激发学生对课程的兴趣。 （2）引发学生的思考，为头脑风暴做准备

续表

课程进度	教师安排	学生活动	设计意图
0～5分钟	（2）激发学生兴趣，提问："你认为身边的水资源充足吗？" （3）设定头脑风暴规则：鼓励学生积极发言，注重创新思维，避免批评和嘲笑	（3）明确头脑风暴规则，设定讨论环境	（3）设定讨论基调，确保讨论环境积极、开放
5～15分钟	（1）分组：将学生分成4～5个小组，每组5～6人。 （2）设定头脑风暴任务：列举地球水资源趋势和可使用的淡水资源类型。 （3）巡视各组，鼓励学生积极参与，记录关键观点	（1）按照分组就座。 （2）小组内开始头脑风暴，记录成员观点。 （3）积极参与讨论，分享个人见解	通过分组讨论，促进学生间的互动和合作，培养团队精神
15～25分钟	（1）邀请各小组代表汇报讨论结果，其他小组可以提问或补充。 （2）教师点评，总结关键观点，并适当补充完善。 （3）设定下一轮头脑风暴任务：分析我国水资源的特点、空间分布和时间分布	（1）小组代表汇报讨论结果，接受其他组提问或补充。 （2）聆听教师点评，了解关键观点。 （3）小组内开始新一轮头脑风暴	通过汇报和点评，促进学生间的交流和思考，加深对水资源问题的理解
25～35分钟	（1）邀请各小组代表汇报第二轮头脑风暴结果。 （2）教师点评，并引导讨论：我国部分地区缺水的原因是什么？带来了哪些后果？ （3）设定第三轮头脑风暴任务：提出跨流域调水举措和节约、保护水资源的方法	（1）小组代表汇报讨论结果，接受教师点评。 （2）思考并讨论缺水的原因和后果。 （3）小组内开始第三轮头脑风暴，提出解决方案	引导学生分析水资源短缺的原因和后果，培养学生分析问题和解决问题的能力

续表

课程进度	教师安排	学生活动	设计意图
35~40分钟	（1）邀请各小组代表汇报第三轮头脑风暴结果。 （2）教师点评，强调节约和保护水资源的重要性。 （3）引导学生将节水方法分为农业节水、工业节水、家庭节水，并讨论每种方法的实际应用	（1）小组代表汇报讨论结果，接受教师点评。 （2）聆听教师点评，了解节水的重要性。 （3）思考并讨论节水方法的实际应用场景	加深学生对节水方法的理解，培养学生的实际操作能力
40~45分钟	（1）总结课程内容，强调水资源紧缺问题的紧迫性和解决方法的多样性。 （2）布置课后作业：要求学生选择一种节水方法，制订详细的实施计划，并准备在下一节课进行展示。 （3）鼓励学生将所学知识应用到日常生活中，积极参与节约和保护水资源的行动	（1）聆听教师总结，回顾课程要点。 （2）接收并理解课后作业要求。 （3）思考如何将所学知识应用于日常生活中	巩固学生学习成果，促进知识的内化和应用

注意事项
（1）在头脑风暴过程中，教师应保持中立，鼓励学生自由发言，避免过多干预。
（2）教师应及时记录学生的关键观点，以便在点评和总结时引用。
（3）在学生汇报和讨论时，教师应给予积极的反馈和建议，激发学生的参与热情。
（4）课后作业应具体明确，便于学生操作和实施

经过指定翻转课堂形式（头脑风暴），AI给出的答案已经非常详细具体，可以直接用于课堂设计。

本节总结

在大学课堂中,教师可以直接让学生在课堂上利用AI进行课堂翻转,鼓励他们运用所学知识点向AI提问,从而深化对知识点的理解和应用。

翻转课堂有多种形式,如课堂讨论、小组合作、案例分析、思维导图梳理、互动问答以及头脑风暴等。在利用AI设计翻转课堂时,如果没有灵感,我们可以采取以下两种策略:一是不限定具体方法,让AI随机生成多种设计方案,供我们选择;二是明确指定方法,并向AI提供明确的提示词,这些提示词应紧密围绕课程主题及主要课程内容,以确保AI可以更高效地设计出符合教学需求的翻转课堂方案。

5.2 用 AI 进行课堂互动

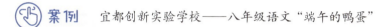
案例　宜都创新实验学校——八年级语文"端午的鸭蛋"

无论是演讲还是授课,互动都是必不可少的元素。缺乏互动的课堂往往沉闷无趣,而充满互动的课堂则充满活力,深受学生们的喜欢。互动可以打破沉闷氛围、激发学生的学习兴趣,促进深入思考,增强记忆效果,同时建立师生间的紧密联系,并最终提升教学效果。

5.2.1 课堂互动典型案例

以下是宜都创新实验学校的梅老师针对八年级语文"端午的鸭蛋"设计的部分课堂互动环节。

互动1:

朗读第一段后提问:作者家乡的端午节有哪些风俗?其中哪些风俗是高邮所特有的?如系百索子、做香角子、贴符、喝雄黄酒、放黄烟子、吃"十二红"等。

在自然、平淡的叙述中,作者抒发了自己的独特感受,比如对贴符的疑惑:"一尺来长的黄色、蓝色的纸条,上面用朱笔画些莫名其妙的道道,这就能避邪吗?"

教师小结:作者在第一段详细描述了家乡端午的种种风俗,营造出了浓厚的家乡端午文化氛围,为后文写"鸭蛋"预设了一个合理的背景。

互动2:

研读二三段后提问:汪曾祺的家乡过端午有这么多的习俗,他为什么偏偏要挑选鸭蛋来写?换句话说,高邮鸭蛋有哪些突出的特点值得作者大写特写吗?

学生回答后归纳出特点:多(鸭多蛋多)、奇(盛产双黄蛋)、好(质细而油多),声名远扬。

互动3:

小吃是地方的标签,是家乡的名片。高邮的鸭蛋是怎样的呢?作者这样描述:"曾经沧海难为水,他乡咸鸭蛋,我实在瞧不上。""上海的卖腌腊的店铺里也卖咸鸭蛋,必用纸条特别标明:'高邮咸蛋'。"鸭蛋已经成为高邮的一张名片。为什么这样说呢?你能从中国饮食的色、味、形三方面找出相关的语句吗?

学生边找边归纳,教师利用多媒体出示相关的图片及语句,展示高邮鸭蛋的色美、味美、形美。

互动4:

端午节、端午的鸭蛋,何尝不是我们历史的根源?好的读者能够把"记忆的鸭蛋"从孤立隔绝中拉回现实,让民俗的底片鲜活起来。

请同学们回顾自己所了解的民俗,思考这些民俗蕴含了哪些文化、精神或情结?

学生分享,如五月初五的河面格外的喧嚣、粽子的甘甜、龙舟的轻盈等,这些都在对屈原的怀念中展现了最原始、最深切、最真实的快乐和感动。

互动5:

我国的许多传统节日、传统习俗在现代经济大潮的冲击下已经逐渐淡化,而西方的圣诞节、情人节等节日在国人心目中的分量却越来越重。

与此同时,韩国"江陵端午祭"是农耕社会时期祈求丰年的传统祝祭活动,在进行端午祭时会举行假面舞剧、投壶、摔跤、荡秋千等活动。韩国对"江陵端午祭"非常重视,在1967年将其列入国家级第13号"重要无形文化遗产"予以保护,并于2005年成功地将"江陵端午祭"申报为联合国教科文组织认定的"人类口头和非物质遗产代表作"。学习本文后,你如何看待这种现象?

(此环节让学生关注社会热点,联系文化背景和所学知识,对生活现象做出自己的评价,并对中国传统习俗、传统文化有一个理性的认识。)

本节课的主要目的是让学生们了解端午文化,感受民俗中包含的生活期望和美好追求,同时激发学生们对儿时生活的怀念和对家乡的热爱之情。

这堂课共设置了十多处互动环节,每次互动都有其特有的目的,由浅入深,层层递进。

(1)前期互动引导:让学生分段阅读,每读一两段后思考和回答与内容相关的问题。这些问题难度适中,学生只需进行文本阅读理解和总结提炼即可,初步理解文章内容。

(2)课中互动思考:让学生对课本知识做进一步理解,从"鸭蛋"延伸到"端午节",引发学生们对端午习俗的互动和思考,从书本内容联想到现实生活。

(3)互动升华:让学生在深度理解文章的基础之上,对本节课的主题内容做延伸思考和互动,从"端午节"延伸到对传统节日的保护,再延伸到对传统民俗和传统文化的传承,从而将课程主题升华,并达到本节课的课程目标。

5.2.2 如何用 AI 设置课堂互动

优质的课堂互动不仅仅是教师提出问题让学生回答,或者将课本中有答案的内容简单重复。真正的课堂互动应该能够提高学生的学习积极性,引导他们深入思考,并在活跃的课堂氛围中有效掌握知识。

那么,如何借助 AI 来设置课堂互动呢?

1. 利用 AI 生成互动素材

单纯的课堂互动并不难实现，无非是提问和回答，不用 AI 也能实现，但 AI 能提供的帮助远不止提问本身。AI 能在互动的思维和形式上为我们带来革新和提升。

AI 不仅能够生成图片、PPT、绘画、思维导图，而且可以生成视频等多媒体素材，这些都可以帮助我们很好地丰富课堂形式，为课堂互动提供更多灵活的、个性化的选择。

图 5-6 展示了针对古诗《静夜思》由不同 AI 软件生成的图片。在语文课堂上，我们可以利用 AI 生成诗词意境图，然后引导学生们互动讨论哪张图更接近自己对古诗词的理解，并阐述理由。这样的互动不仅能够加深学生们对古诗词的理解，还能提高他们的审美能力和表达能力。

图 5-6　针对古诗《静夜思》由不同 AI 软件生成的图片

除了古诗词意境图，我们还可以利用AI生成与某个主题相关的图片、视频或音频，并在课堂上进行演示，引导学生互动分析，表达看法和理解。

此外，我们还可以利用AI生成关于知识点的思维导图、知识图谱等，以帮助学生更好地记忆和理解。

我们还可以换一个思路，引导学生自己设置与主题相关的提示词，然后利用AI生成图片或视频。通过观察和分析生成内容的效果，学生可以推断提示词设置的合理与否，并思考"是哪里不对""为什么会这样"，从而锻炼学生的描述能力和理解能力。

2. 利用AI预设互动问题

在课堂上，学生可能会提出一些在我们的预设范围之外的问题，尤其是对于一些陌生的、有难度的知识点。此时，我们可以借助AI预设互动问题，将学生们可能会问到的问题都提前做好准备，以达到更好的课堂互动效果。

提示词：

请你扮演一名【大学本科"物理化学"学科的】学生，协助我进行备课，要求如下。

（1）你从未学过"物理化学"，基础为零。

（2）我会向你介绍一个概念，即【绝热递减率】，请回复你在学习这个概念时可能会遇到的问题。

（3）为了解决这些问题，我该如何进行课程设计？

AI回答：

针对"绝热递减率"这一概念，作为一名毫无"物理化学"基础的学生，我可能会遇到以下几个问题。

（1）我不知道"绝热"是什么含义，这个词在日常生活中好像并不常见。

（2）"递减率"听起来像是数学或统计学中的术语，我想了解它在"物理化学"中是如何被定义的？

（3）为什么在"物理化学"中研究"绝热递减率"？它在实际应用或实验中有什么具体的作用？

（4）如何计算或测定"绝热递减率"？有没有相关的公式或实验方法？

为了解决这些问题，我建议进行以下课程设计。

（1）定义与前置知识：解释什么是"绝热"，并给出日常生活中的例子帮助学生建立直观理解。然后，解释"递减率"的基本概念，并介绍它在其他学科中的应用。

（2）物理意义与实际应用：详细解释"绝热递减率"在"物理化学"中的研究意义。同时给出具体的实验或工业应用例子来说明"绝热递减率"的实际价值。

（3）计算公式与方法：如果涉及计算，应详细介绍相关的公式和方法，并通过具体的例子演示如何应用这些公式，使学生更加直观地理解和掌握。

（4）与其他概念的关联：介绍"绝热递减率"与其他"物理化学"概念之间的联系和区别，帮助学生更好地将新知识纳入已有的知识体系中。

（5）小结与回顾：在课程结束时，进行小结，回顾"绝热递减率"的定义、物理意义、计算方法以及与其他概念的关系。同时，提供简单的练习题或思考题，以便学生能够检测自己对新知识的掌握情况。

利用AI帮助教师精准预测学生的问题，一方面可以帮助教师更好地组织教学内容，确保课程的重点和难点得到充分讲解，从而提高教学效果；另一方面也有助于课堂互动，使教师在课堂上能够更流畅、更有信心地回答学生的问题。

本节总结

课堂互动不应仅限于简单的提问和回答，而应通过激发学生的思考，帮助他们真正理解并运用课本知识。

利用AI辅助设计课堂互动，可以显著提高教学效果，满足学生的个性化学习需求。

5.3 利用 AI 进行知识扩展

 案例　华师一附中——高一：典籍里的汉服

课堂教学不仅仅是为了传授知识，更是为了培养学生的综合素养。通过知识拓展，学生可以接触到更多的信息，拓宽视野，培养跨学科思维。这对于激发学生的创新思维和提升解决问题的能力至关重要。

5.3.1 知识拓展案例

在华师一附中的选修课"典籍里的汉服"中，吴老师巧妙地将课堂知识和影视剧元素相结合，不仅激发了学生的学习兴趣，还成功地实现了知识的深度拓展。该课程因此深受同学们的喜爱，并被评选为"年度优秀校本课程"。其课堂状态如图5-7所示。

图5-7　"典籍里的汉服"课堂状态

吴老师在知识拓展方面采取了以下举措。

1. 课本知识与影视剧联动

古装剧在影视行业中一直备受观众喜爱。然而，部分影视剧对于传统服饰的复原存在诸多不准确之处，如在色彩、款式、配饰等方面出现错误，这不仅误导了观众，也对传统文化的传承造成了不良影响。

针对这一现状，吴老师的课程以当代影视剧中的错误复原为切入口，引导学生们以审慎的态度审视这一现象，并深入探索中国传统服饰的真实面貌。这一做法极大地激发了学生们的兴趣，课堂讨论氛围热烈。

2. 知识拓展与互动体验：实物展示与亲身试穿

课程的亮点不仅在于对历史的回顾，更在于对知识的拓展与亲身体验的结合。在实物展示环节，吴老师先后身着多套精美的汉服为学生们授课，这些汉服涵盖了不同的朝代和款式。每当讲到相应的朝代或款式时，吴老师都会穿上相应的服饰进行展示，让学生们看到这些传统服饰的真实风采。同时，吴老师还会详细讲解这些服饰的特点、制作工艺以及背后的历史文化内涵，让学生们更加深入地了解它们。

在课程第七讲中，吴老师特别加入了学生展示环节，让学生们亲手触摸、试穿传统服饰，感受它们的独特魅力。此外，吴老师还邀请同学们上台，现场演示不同形制的服饰穿着技巧，如马面裙、交领袄、曲裾深衣等。这种教学方式让知识不再局限于书本，而是真正融入学生们的日常生活中。

3. 跨学科整合，文化与现实结合

除了对传统服饰的详细解析，该课程还注重与其他学科的整合。例如，在课堂上探讨服饰与历史、文化、艺术等方面的关联，让学生们从多个角度理解传统服饰的意义和价值。这种跨学科的知识整合不仅丰富了课程内容，也进一步激发了学生们的求知欲。

同时，课程不仅停留在对历史的回顾和解析上，还将传统文化与现代生活相结合。通过这门课程的学习，学生们对中国传统服饰的演变与发展有了较为全面的了解，深刻感受到了中国传统文化的博大精深和独特魅力。

5.3.2　巧用 AI 进行知识拓展

如何利用 AI 帮助我们进行知识拓展呢？这既需要提问技巧，还需要善用工具，并巧妙结合同学们熟悉的事物，从而将教学目标延伸至课本之外。

1. 巧用搜索——秘塔 AI

秘塔 AI 搜索是目前国内比较好用的 AI 搜索生成式平台。与其他 AI 平台不同，它不仅仅是一个文本生成工具，更是一个可以对搜索到的信息进行梳理、整合与延伸的综合性工具。它能很好地满足知识搜索整理和知识延伸的需求，对于课堂知识的拓展非常有用。

如图 5-8 所示，当我们搜索某一关键词时，秘塔 AI 不仅提供了相关事件、组织、人物等信息，还展示了事件来源，并帮助我们将其整理成知识大纲，这对于素材的整理与延伸非常方便。

图 5-8　秘塔 AI 搜索展示

使用秘塔 AI 进行知识拓展的操作可以按照以下步骤进行。

首先，找到秘塔 AI 官网，注册并登录后进入主页。

其次，明确主题，确定你想要拓展的课堂知识点。例如，你即将讲解"工业革命"，并希望深入了解其影响。在搜索框内输入你的主题关键词，如"工业革命的影响"，秘塔 AI 会尝试理解你的查询意图。

再次，查看搜索结果。大约 5 秒钟后，秘塔 AI 会返回一系列经过分析和整理的信息。这些结果可能包括摘要、关键信息点、时间线、思维导图等，都是知识拓展的好材料。

此外，秘塔AI还支持深入探索。点击你感兴趣的链接或使用秘塔AI提供的工具，如"相关学术文章""时间线"等，可以让你获取更深层次的内容和背景信息。

最后，秘塔AI还能生成关于知识点或事件的思维导图或笔记，帮助你整理思路，构建知识点之间的联系。

2. 巧妙结合知名案例

正如前面的案例所示，教师将知识点与影视剧做了结合，我们也可以尝试将课堂知识点与同学们耳熟能详的案例巧妙结合来进行知识拓展。这些案例可以是影视剧、名人故事、历史知名事件，甚至可以是社会热点。通过这些案例，可以有效激发学生们的学习兴趣，帮助他们更深层次地理解知识。

> **提示词：**
>
> 我是一名【高中历史】老师，马上要给【九年级】学生讲解【第一次工业革命的影响】这个知识点，请你为我选取与这个知识点有关的5个知名案例，案例包括影视剧素材、名人故事、知名历史事件、社会热点等，以辅助我进行课堂知识拓展，强化学生对知识的理解，激发他们的学习兴趣。

AI回答：

作为高中历史老师，在讲解"第一次工业革命的影响"时，可以选取以下5个知名案例来辅助课堂知识拓展，强化学生的知识理解，激发他们的学习兴趣。

1.《雾都孤儿》：反映工业革命时期的社会困境
- 故事背景：查尔斯·狄更斯的《雾都孤儿》通过主人公奥利弗的坎坷经历，揭示了工业革命时期英国社会的贫富分化和儿童劳工问题，展示了工业革命带来的城市化和社会结构变迁对底层民众生活的巨大冲击。
- 课堂应用：通过分析《雾都孤儿》中的角色命运和社会背景，学生可以更深刻地理解工业革命带来的社会问题，从而认识到技术进步与社会福祉之间的复杂关系。

2. 詹姆斯·瓦特：推动蒸汽机的商业化
- 人物成就：詹姆斯·瓦特通过对蒸汽机的改良，极大地提高了其效率和实用性，推动了蒸汽机在采矿、纺织和交通等领域的广泛应用，推动了工业生产力的飞跃。

● 课堂应用：介绍瓦特的发明过程和蒸汽机的应用，可以帮助学生理解技术革新如何推动工业生产力的提升，以及这些技术如何改变了人类的生产和生活方式。

3. 曼彻斯特：工业化的缩影

● 城市变迁：曼彻斯特作为工业革命的发源地之一，经历了从小城镇到工业大都市的转变。随着纺织业的发展，曼彻斯特吸引了大量农村人口涌入城市，形成了密集的工厂区域和工人阶级社区。

● 课堂应用：通过研究曼彻斯特的城市化进程，学生可以直观地感受工业革命对城市发展、人口分布和环境状况的深远影响，从而更全面地理解工业化对社会结构的重塑作用。

4. 恩格斯的《英国工人阶级状况》

● 著作内容：弗里德里希·恩格斯在《英国工人阶级状况》中详细描述了工业革命高峰期英国工人阶级的生活状况，包括恶劣的工作条件、长工时及对妇女和儿童的剥削。

● 课堂应用：引用恩格斯的著作，可以帮助学生从第一手史料中了解工业革命对工人阶级的深刻影响，促使学生思考经济发展与社会福利之间的关系，以及技术进步可能带来的社会代价。

5. 卢德运动：反抗工业化的起义

● 事件背景：卢德运动是工人针对工业化进程中机械取代手工劳动力而发起的抗议运动。工人们认为机械化导致他们失业，因此破坏工厂设备，特别是纺织机械。

● 课堂应用：通过探讨卢德运动，学生可以了解工业革命如何引发社会不满和抵抗，同时认识到技术进步与社会变革之间的冲突与调和过程。

总而言之，通过以上案例的学习，学生不仅能深刻理解第一次工业革命的多方面影响，还能培养他们的历史思维和批判性思考能力。同时，这些案例也能够帮助学生建立历史知识与现实世界之间的联系，增强学习的实际应用价值。

此外，在讲解案例时，可以将以下5种案例的导入方法转化为AI提示词，以提高案例设计工作的效率。我们可以将这些方法表述得更加精炼，具体如下。

（1）问题引导：提出与某专业知识领域紧密相关的问题，旨在激发学生的思考兴趣，并鼓励他们积极参与小组讨论，共同探讨问题。

（2）事件切入：介绍与本节课专业知识点紧密相关的事件作为课程的切入点，通过事件的吸引力和关注度，有效吸引学生的注意力，为后续学习奠定基础。

（3）故事启发：讲述一个与专业知识点相结合、富有启发性的故事，利用故事情节的吸引力和感染力，引导学生深入探索和学习相关知识。

（4）情境模拟：基于预设的情境，引导学生进入并沉浸在该情境中，通过模拟情境中的角色扮演和互动，帮助学生更好地理解专业知识，提升学习兴趣。

（5）对比分析：在专业知识的层面上，进行不同概念、理论或案例之间的对比分析，通过对比帮助学生更清晰地理解它们之间的联系和区别，加深对专业知识的理解。

3. 巧妙设计思政教学元素

思政教学能为知识拓展提供明确的方向指引和强大的精神动力。在教学案例中巧妙地融入思政元素，可以引导学生在探索专业知识的同时，树立正确的世界观、人生观和价值观。

若要在教学案例中加入思政元素，我们可以利用AI来辅助撰写提示词，确保思政元素与专业知识相结合。

提示词：

请根据以下要求，帮我撰写3个思政课程的案例。

要求如下。

（1）思政课程内容选取应符合专业要求，并符合社会主义主流价值观。

（2）知识传授与立德树人应高度契合，体现思想性和协同性的统一。

（3）在专业教育中，应体现一定的思政映射点，如民族精神、时代精神、科学精神、人文素质等。

（4）案例应能给学生以反思和启发，帮助学生在收获专业知识的同时，提高思想道德修养和精神境界。

我的课程是大学本科"有机化学"。

AI 回答：

案例一：有机化学中的民族精神——我国有机化学的发展历程

在"有机化学"课程中，可以融入我国有机化学的发展历程，突出展现我国化学家们的卓越贡献。通过讲述先驱者们在资源匮乏、技术封锁的艰难条件下，凭借自强不息、艰苦创业的民族精神，取得重大科研成果的故事。这不仅能帮助学生了解我国有机化学的历史和现状，还能培养他们的民族自豪感和文化自信。

案例二：有机化学中的时代精神——绿色化学与可持续发展

结合当前的环境问题和社会需求，将绿色化学和可持续发展理念融入"有机化学"课程。通过介绍有机化学中绿色合成方法的研究进展和应用实例，强调化学工业在保护环境、实现可持续发展中的重要作用。这体现了时代精神中的创新追求和社会责任感。通过案例讨论和实践操作，培养学生的环保意识、创新能力和社会责任感。

案例三：有机化学中的科学精神与人文素质——科研道德与学术诚信

在"有机化学"课程中，可以注重培养学生的科学精神和人文素质。通过讲述著名化学家的科研故事，展现他们在追求科学真理过程中的严谨态度和批判精神。同时，强调科研道德和学术诚信的重要性，引导学生树立正确的学术价值观。这既能帮助学生掌握有机化学知识，又能提升他们的思想道德修养和精神境界。

在思政教学案例命名时，需要遵循以下特殊要求。

（1）命名方式：采用两段式命名法。前段要提炼并概括知识点中蕴含的思政元素价值要义，后段则直接对应并命名该具体知识点。

（2）前段价值要义：需精准表达所融入的思政元素内容，如责任感、团队精神、创新精神等。同时，可适当结合专业背景进行引申或修饰，确保主标题既具有思想深度，又能紧密关联专业知识，体现思政与专业的深度融合。

（3）后段知识点命名：应直接、清晰地命名该具体知识点，以便学生快速理解案例内容。

（4）整体要求：主标题与副标题（前段与后段）相结合，应使题意既清晰明了，又富有新意和启发性。整体字数控制在25字以内，确保简洁明了。例如，努力付出，终有回报——无氧酵解的产能过程。

现在我们就可以直接将这样的要求变为AI提示词。

> **提示词：**
>
> 请基于我提供的课程主题，帮我构思并命名10个课程案例。
>
> 要求如下。
>
> （1）案例命名采用两段式命名法，前段应准确表达和概括知识点中蕴含的思政元素的价值要义，后段则直接对应并命名该具体知识点。
>
> （2）前段价值要义可以适当引申或修饰，以与专业背景紧密结合。
>
> （3）确保主标题与副标题相结合，题意清晰且富有新意。
>
> （4）字数控制在25字以内，例如，努力付出，终有回报——无氧酵解的产能过程。
>
> （5）我的主题：氧化还原反应。

AI回答：

以下是基于您提供的"氧化还原反应"课程主题所构思并命名的10个课程案例，均采用了两段式命名法。

1. 守恒之美，变化之魅——氧化还原反应中的电子守恒
2. 舍我其谁，勇于担当——氧化剂与还原剂的角色扮演
3. 平衡之美，和谐之道——氧化还原反应中的化学平衡
4. 能量转换，动力之源——氧化还原反应与能量转换
5. 矛盾统一，对立共生——氧化与还原的对立统一关系
6. 锲而不舍，攻坚克难——氧化还原反应速率的影响因素
7. 探索未知，追求真理——氧化还原反应的发现与探索历程
8. 绿色发展，环保先行——氧化还原反应在环保中的应用
9. 团结协作，共同进步——氧化还原反应中的协同作用
10. 自强不息，永放光芒——氧化还原反应在人类生活中的价值

本节总结

在利用 AI 进行知识拓展时，我们可以采用以下策略。

（1）AI 搜索，延展思维：利用如秘塔 AI 等智能搜索工具，进行知识的广泛延展，帮助我们整理思路，构建知识点之间的逻辑联系。

（2）关联记忆，深化理解：通过 AI 将知识点与知名案例、历史人物、重要历史事件等相结合，形成关联记忆，从而强化对知识的理解和记忆。

（3）思政融合，创新命名：利用 AI 巧妙地设计课程的思政元素，不仅能在知识点与思政元素之间找到自然的结合点，还能通过巧设提示词，直接生成富有深意和启发性的思政案例命名。

5.4 用 AI 撰写教学课程总结

案例 天津某小学——六年级数学（上）

教学课程总结是对一个教学周期内课程实施情况的全面回顾和深入分析。它不仅仅是对教学活动的简单记录，更是对教学效果、学生学习成果、教学方法、课程内容等方面进行深入反思和综合评估的过程。

5.4.1 课程总结案例

表 5-1 是天津某小学某老师撰写的六年级数学（上）教学课程总结。

表 5-1 六年级数学（上）教学课程总结

六年级数学（上）教学课程总结
一、课程信息 课程名称：小学六年级数学（上） 授课教师：张×× 班级规模：39 名学生 学期时间：2023.9—2024.1

续表

六年级数学（上）教学课程总结

二、课程目标

本学期的数学课程旨在培养学生良好的数学思维习惯，掌握基本的数学概念、运算技巧及解决问题的能力，具体目标包括以下几个方面。

（1）掌握分数、小数和百分比的转换与运算。

（2）学习并理解比例、比率和百分比的应用。

（3）探索几何图形的性质，特别是面积和体积的计算。

（4）强化数据分析能力，包括图表解读与统计概念的理解

三、教学内容

本学期我们完成了以下几个核心模块的学习。

（1）分数的加减乘除与混合运算。

（2）小数的四则运算及实际应用。

（3）百分数的概念、计算及应用。

（4）比例与比率的解题策略。

（5）几何图形的认识与计算（重点是面积和体积）。

（6）数据的整理与分析

四、教学方法

（1）互动讲解：结合实物模型、图表，使抽象概念形象化。

（2）小组合作学习：通过小组讨论解决实际问题，培养学生的合作精神。

（3）情境教学：设计贴近生活的数学问题，提高学生的应用能力。

（4）个性化辅导：针对不同学习层次的学生提供个别指导。

（5）信息化工具辅助：利用数学软件和在线资源增强学习体验

五、教学过程

本学期通过循序渐进的教学计划，结合理论讲解与实践操作，确保每位学生都能跟上学习节奏。整个学期的教学过程分为以下几个阶段。

（1）课堂讲授：系统讲解新知识点，确保每个学生都能跟上进度。

（2）练习巩固：通过课后作业和课堂练习，加深学生对知识点的理解和掌握。

（3）测试反馈：定期进行单元测验，及时发现并解决学生的学习问题。

（4）互动讨论：在课堂上安排时间让学生就难点进行讨论，培养他们的批判性思维。

（5）游戏与竞赛：定期组织数学游戏和竞赛，激发学生的学习兴趣

续表

六年级数学（上）教学课程总结

六、教学评估

评估方式包括以下几个方面。

（1）平时作业：关注学生平时作业的完成情况和质量。

（2）课堂表现：观察学生在课堂上的参与度和互动情况。

（3）单元测试：定期进行单元测试，以检测学生对知识点的掌握程度。

（4）期中和期末考试：全面评估学生的数学综合能力。

（5）本学期期末，我通过期末考试对学生进行了全面评估。考试结果显示，班级平均分达到了91分，相比上学期提高了5分。其中，90分以上的学生有26人，80分以上的学生有35人，最低分为75分，最高分为100分。这一成绩充分说明了本学期的教学效果良好，学生的数学能力得到了显著提高

七、教学反思

（1）学生整体表现良好，期末考试平均分显著提高，大部分学生能够掌握数的运算、几何图形和量的计算等基本知识。

（2）少数学生对一元一次方程和应用题的解决还不够熟练，需要加强练习。同时，尽管学生成绩整体显著提升，但仍有少数学生在分数和小数的复杂运算上存在困难，需要加强基础训练。

回顾本学期的教学工作，我认为自己在以下几个方面做得比较好。

- 注重知识的系统性和连贯性，使学生能够更好地理解和掌握知识。
- 采用多种教学手段相结合的方式，提高了学生的学习兴趣和积极性。
- 注重因材施教，针对不同学生的学习情况制订了个性化的教学计划。

然而，在教学过程中也存在一些不足之处，比如课堂时间管理不够合理、部分学生缺乏自主学习能力等

八、改进建议

（1）差异化教学：针对学生的学习差异，制订更加个性化的学习计划，特别是对数学基础较弱的学生应给予更多关注。

（2）强化实践应用：增加与生活紧密相关的数学实践活动，加深学生对数学知识的理解和应用能力。

（3）家校合作：加强与家长的沟通与合作，共同关注学生的学习进展，特别是在家庭环境中的数学学习辅导

续表

六年级数学（上）教学课程总结
（4）持续专业发展：继续参加专业培训，探索新的教学理念和方法，以适应不断变化的教学需求。 通过以上总结，我认识到在取得进步的同时，仍有许多方面值得去探索和改进。下学期，我将带着这些反思与建议，继续努力，为学生创造更加高效、有趣且富有成效的数学学习环境

这是一份比较标准、详细且完整的课程教学总结，包括课程信息、课程目标、教学内容、教学方法、教学过程、教学评估、教学反思和改进建议等方面。一份好的教学课程总结通常具备以下几个特点。

（1）翔实的数据支持。通过具体的学生成绩数据，如分数分布、平均分提升情况等，客观展示了教学效果和学生学习成果，有助于校方准确了解教学状态。

（2）明确的课程目标。清晰地列出并阐述教学目标，这有助于校方评估这些目标是否与学校教育理念相符，以及它们是否得到有效实现。

（3）具体的教学内容和方法。详细描述教学内容和采用的教学方法，为其他教师提供有益参考，同时也便于校方了解课程的具体内容和教学策略。

（4）深入的教学反思和建议。提供基于班级实际情况的反思和切实可行的改进建议，显示出教师对教学质量的持续关注和改进意愿。

（5）关注学生个体。通过对学生评估的详细描述，体现教师对每个学生学习情况的关注，以及对促进每个学生进步所做的努力。

然而，为了更全面地反映课程全貌，建议这份教学课程总结在以下几个方面进行补充和完善。

（1）增加学生反馈：通过收集并整合学生的意见和建议，可以更加全面、深入地了解学生的学习体验和需求，从而为教学改进提供有力依据。

（2）多样化展示教学成果：除了成绩数据，还可以通过具体的教学案例、学生作品展示等方式，多角度地展示学生在学习过程中取得的成果和进步。

(3)提升学生参与度:在总结中提及学生在课堂上的参与度,如提问次数、讨论热度、小组合作情况等,以体现学生的主动性和积极性。

(4)整合家长反馈和建议:加强与家长的沟通,收集并整合家长对教学活动的反馈和建议,有助于形成家校共育的良好氛围,共同促进学生的全面发展。

5.4.2 如何利用 AI 完成教学课程总结

经过前面的学习和 AI 应用的实践后,利用 AI 完成教学课程总结已经是比较简单的操作了。我们只需要准备好基础的教学情况,如考试成绩、班级情况等,然后直接向 AI 提问即可。如果学校对教学课程总结有固定的板块和格式要求,可以详细告知 AI,以便 AI 能够按照这些要求来生成总结报告。

> **提示词:**
>
> 请你扮演一名【初中八年级物理】老师,结合班级学习情况,撰写一份上学期的教学课程总结。
>
> 班级人数:共46人。
>
> 期末考试成绩情况:50分以上的学生有26人,班级最低分为32分,班级最高分为67分,班级平均分为43分,平均分比上学期提高了3分。(注:初中物理满分是70分)
>
> 要求如下。
>
> (1)教学课程总结包括课程信息、课程目标、教学内容、教学方法、教学过程、教学评估、教学反思等板块。
>
> (2)尽可能详细、完整、实事求是地反映班级的教学情况。
>
> (3)用表格形式呈现,字数不少于2000字。

> **AI回答:**
>
> 初中八年级上学期物理教学课程总结
>
> 一、课程信息
>
> 课程名称:初中八年级物理

学期：上学期

授课教师：×××

班级人数：46人

教学时长：每周4课时，共16周

评价方：平时成绩（30%）+ 期末考试（70%）

二、课程目标

1. 掌握物理基本概念与原理，如力、运动、光、声等基础知识。通过期末考试成绩及日常作业反馈，大部分学生能够基本理解并应用这些概念。

2. 培养学生观察、分析、解决问题的科学方法和能力。通过多次实验课及小组讨论，学生动手能力及科学探究兴趣有所提升。

3. 提升学生的逻辑思维能力和解决问题的能力。学生在解决物理问题时思路逐渐清晰，能够较好地运用物理原理进行推理。

4. 激发学生对物理学科的兴趣，为后续学习打下基础。通过趣味实验和实际应用案例，多数学生可以对物理产生更浓厚的兴趣。

三、教学内容

教学单元	主要内容	课时分配
1. 走进物理世界	介绍物理学的发展史、物理学的意义及研究方法	6课时
2. 机械运动	速度、加速度、匀速直线运动、变速直线运动等	14课时
3. 声现象	声音的产生、传播、特性及噪声控制	9课时
4. 物态变化	温度、凝固、汽化、液化、升华、凝华等	14课时
5. 光现象	光的直线传播、光的反射、折射、平面镜成像等	15课时
6. 复习与总结	整合各单元知识，进行模拟考试和答疑	6课时

四、教学方法

1. 讲授法：结合多媒体和实物演示，清晰讲解物理概念。

2. 实验法：组织学生分组实验，亲手操作，观察现象，记录数据。

3. 讨论法：围绕特定问题或案例，组织小组讨论，鼓励学生发言。

4. 合作学习：小组合作完成课题或项目，分工合作，共同学习。

5. 个别辅导：针对学习困难的学生进行一对一辅导，查漏补缺。

五、教学过程

1. 导入新课：通过生活实例、视频或小实验引入新课主题。

2. 新知讲授：讲解新知识，结合实例和图表，确保学生理解。

3. 课堂练习：布置相关练习题，及时检测学生掌握情况。

4. 实验探究：组织学生分组实验，观察现象，记录数据。

5. 总结归纳：引导学生总结本节课重点内容，构建知识框架。

6. 作业布置：布置针对性作业，巩固课堂所学。

六、教学评估

评估方式	具体内容	评估结果
平时成绩	作业、课堂表现、参与度	大部分学生表现良好，部分学生在课堂讨论中尤为积极，作业完成质量稳步提升，但仍有少数学生需加强自我管理，提高作业完成度和准确性
期末考试	知识点覆盖全面，难度适中，注重应用能力考察	班级平均分43分，较上学期提高了3分。其中，26人达到50分以上，表明大部分学生能够掌握基础知识并具有一定的问题解决能力；最高分67分，显示出部分学生具备较强的学习能力；最低分32分，提示需要进行个别辅导，以克服学习障碍
学生反馈	通过问卷调查、面谈等方式收集	多数学生对物理课程表示满意，认为课程内容生动有趣，实验环节增强了学生的学习兴趣和实践能力。同时，学生也希望增加更多与现实生活相关的案例，以及更多个性化的学习支持

七、教学反思

1. 成功之处：

（1）实验教学的引入极大地提高了学生的学习兴趣和动手能力，通过亲身体验加深了学生对物理原理的理解。

（2）多样化的教学方法（如讲授、讨论、合作学习等）有效促进了学生的全面参与和深入思考。

（3）个别辅导和及时的学习反馈机制帮助了学习有困难的学生，缩小了学习差距。

2. 待改进之处：

（1）需进一步优化课堂管理，确保每位学生都能积极参与课堂活动，避免部分学生被边缘化。

（2）加强与实际生活相结合的教学案例，使物理知识更加贴近学生生活，增强学习的实用性和趣味性。

（3）针对不同层次的学生设计差异化的学习任务和评估方式，以满足不同学生的学习需求。

3. 未来计划：

（1）引入更多数字化教学资源，如在线模拟实验、互动教学平台等，丰富教学手段，提高教学效率。

（2）加强家长与学校的合作，定期与家长沟通学生的学习情况，共同促进学生的全面发展。

（3）组织物理兴趣小组或竞赛活动，激发学生的探索精神和创新能力，为优秀学生提供更多展示自我的平台。

总之，本学期八年级物理教学工作在全体师生的共同努力下取得了一定的成绩，但也存在一些需要改进的地方。未来，我将继续探索更加有效的教学方法，努力提升教学质量，为学生的物理学习之路奠定坚实的基础。

用这个提示词，尝试撰写你的教学课程总结吧！

本节总结

一份优秀的教学课程总结，并非仅仅是对教学活动的简单罗列，而是一个对教学效果、学生的学习成果、教学方法以及课程内容等关键要素进行深入反思和全面评估的宝贵过程。它不仅记录了教师的教学实践，更反映了教师的教学理念以及对学生个体差异的关注。

在撰写教学课程总结的过程中，固定的板块和格式要求为我们提供了一个清晰的框架。通过提供基础信息，如学生成绩表现、科目及内容等，并巧妙设置AI提示词,我们可以高效地生成一份完整且富有深度的课程总结。这样的课程总结不仅有助于教师进行深入的自我反思,也为后续的教学改进提供了有力的支持和可靠的依据。

经过前面的学习和实践,我们已经掌握了利用AI完成教学课程总结的基本方法。只需准备好必要的教学情况数据,并明确课程总结的板块和格式要求,我们就可以通过向AI提问,轻松获得一份详细、完整且实事求是的教学课程总结。

第6章

AI+ 测评，
助力学生考核和评估

课堂练习、课后考试以及学生评估等测评环节，同样可以借助AI来完成，并且已经有学校在这一领域进行了积极的尝试。

随着AI技术的迅猛发展，我们相信这些技术在教学流程中的全面应用将指日可待。

6.1 用 AI 生成课堂实操与测试

案例 北京师范大学——创新"AI+"课堂教学智能评测

2024年4月，教育部公布了首批18个"人工智能+高等教育"应用场景典型案例，这些案例在人工智能技术的应用上具有代表性、前瞻性，并能够产生积极影响。其中，北京师范大学的"AI+"课堂教学智能评测尤为突出。

6.1.1 北京师范大学的 AI 课堂应用实践

北京师范大学人工智能学院郭俊奇教授的团队牵头研发了基于人工智能的课堂教学评测系统，旨在通过人工智能技术实现课堂教学过程的

智能监控和评估,如图6-1所示。

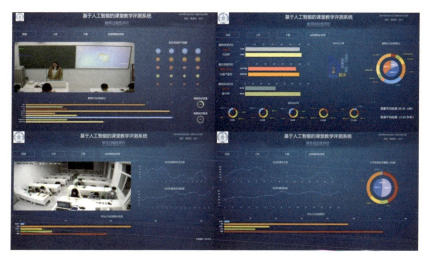

图6-1 北京师范大学基于人工智能的课堂教学评测系统

该系统集成了计算机视觉、自然语言处理、集成学习和统计建模等多种AI与数据分析技术,能够实时监测和分析教师的教学行为、学生的学习行为、教学内容以及课堂组织形式。它能够对教师的教态风格、学生的专注度、教学知识点等多维度指标进行量化评估和可视化展示。

具体来说,该系统具备以下课堂教学评测功能。

(1)课堂教学多维度指标评测:设计了课堂教学评测指标体系,用于综合评价课堂教学质量。

(2)师生课堂行为识别:准确识别师生的动作,为智能监测和实时分析提供数据支撑。

(3)教师课堂位移监测:分析教师位置变化,还原移动轨迹,深入挖掘授课细节。

(4)教师教学视线移动监测:分析教师视线移动情况,有助于提高教学效率和管理水平。

(5)教学知识点覆盖度监测:分析教学内容覆盖程度和课程走势,帮助教师优化授课策略。

（6）教师课堂语音风格分类：分析教师语音风格，以便教师更好地把握课堂关键内容，优化课堂教学。

该智能系统的应用效果显著，在北京师范大学智慧教室部署后，该系统对多位骨干教师进行了课堂教学评测，并积累了大量优秀教学范式；通过智能分析，帮助教师精准掌握学生学习状况，及时调整教学策略，从而进一步提高教学质量。

总体来说，北京师范大学的"AI+"课堂教学智能评测项目利用先进的技术手段，实现了对课堂教学全过程的智能化监控和评估，为提升教育教学质量提供了有力支持，充分展现了北京师范大学在教育教学创新方面的积极探索和实践。

6.1.2　如何借助 AI 实现课堂测评

在前面提到的北京师范大学的 AI 课堂应用实践中，智能化的课堂测评功能充分展示了 AI 在教育领域的巨大潜力。然而，要实现这样的功能，学校需要引入相应的智能设备并搭建匹配教学资源的智能大模型，这存在一定的难度。

那么，如何借助 AI 实现智能化的课堂测评呢？按照从宏观到微观，从复杂到简单的逻辑，以下提供了三种解决方法。

1. 搭建学校 AI 教育平台

对于资金充足的学校而言，搭建一个综合性的 AI 教育平台是基础且关键的一步。

首先，学校需要引入先进的智能设备，如智能黑板、智能课桌等，这些设备能够实时收集学生的课堂表现和学习进度等信息。

其次，学校还需要搭建一个智能大模型，该模型能够基于收集到的数据对学生的学习情况进行深入分析，从而为教师提供有针对性的教学建议。此外，学校还可以借助 AI 技术开发出适合本校教学需求的智能课堂测评系统，实现课堂测评的自动化和智能化。

这要求学校与技术提供商紧密合作，投资建设包括大数据处理中心、云计算服务、智能算法模型等在内的基础设施。平台应当具备强大的数据收集、分析,以及教育资源整合与个性化推送功能。例如,通过分析学生的作业、测验成绩及在线学习活动记录,AI教育平台可以精准识别学生的学习难点和兴趣点,为后续的个性化测试内容生成提供数据支持。同时,平台应确保数据安全与隐私保护,严格遵守相关法律法规。

2. 运用AI智能体进行课堂测试

前文已提及AI智能体的搭建方法。教师可以通过搭建自己学科的AI智能体,并将其应用到教学中,实现课堂测试等功能。

教师需要明确通过AI智能体要实现的功能和目标。如自动生成测试题、跟踪学生学习进度、个性化推荐学习资源等。明确需求有助于后续的技术选择和系统设计。

AI智能体的训练需要大量的数据支持。教师可以收集学生的学习数据、测试成绩、作业提交记录以及课件内容、教材内容等,并进行整理和标注。这些数据将作为训练AI智能体的基础。

在AI智能体搭建成功且功能成熟,以及资料投喂足够且训练合适后,就可以根据学生的实际情况,为其提供个性化的测试题目和测试方案。在测试过程中,AI智能体能够实时收集学生的作答情况,并对学生的答案进行智能分析,从而判断学生的掌握程度。此外,AI智能体还能根据学生的测试结果,为其提供针对性的学习建议,助力学生提升学习效果。

3. 直接利用AI生成课堂测试题

前面所讲的两种方法均存在一定的操作难度和技术门槛。如果不具备前面两种方法的条件,学校或教师也可以借助现有的AI平台来完成课堂测试。主要思路是通过提示词和投喂相关资料,让AI生成课堂测试题。

例如,你是一名小学五年级的英语老师,你想在每次课堂后生成练习题以检测学生对当堂课内容的掌握情况,可以将这个出题的任务交给AI来完成。

首先,为了让AI生成的内容更加精准,投喂材料必不可少。这些材料包括课件内容、教案内容、教材内容等,这些资料能够让AI围绕相关知识生成测试题,避免AI随意发挥。

其次，选择讯飞星火、Kimi 等能够支持长文档和链接输入的 AI 平台。

> **提示词：**
>
> 你是一名小学五年级的英语老师，需要根据课堂教学内容生成课堂测试题。请根据我上传的【教材/课件】文档，为我生成课堂测试题，检测学生对该堂课的【词汇和场景对话的掌握情况】。
>
> 要求如下：
>
> （1）题目要围绕文档中的知识点来设置，可以适当发挥，但不能超纲，同时避免照本宣科式的题目。
>
> （2）题型为【10道选择题+10道填空题+2道问答题】，总分数为100分，请设置为试卷的形式，并分配好分数。

AI 回答：

小学五年级英语课堂测试题

一、选择题（每题3分，共30分）

1. Which word means "feeling pleasure"?
   A. Sad　　　　B. Happy　　　　C. Angry　　　　D. Tired

2. What is the opposite of "big"?
   A. Small　　　B. Large　　　　C. Tall　　　　　D. Short

3. Which of the following is a fruit?
   A. Apple　　　B. Car　　　　　C. Dog　　　　　D. Book

4. The color of the sky on a clear day is ___.
   A. Blue　　　　B. Green　　　　C. Yellow　　　　D. Black

5. Choose the correct sentence:
   A. I am going to school in the morning.
   B. I goes to school in the morning.

C. I go to school in the afternoon.

D. I am going to school in the evening.

(略)

二、填空题（每题3分，共30分）

1. I have a _____ .

2. My mother is a _____ .

3. I like to _____ books.

4. _____ is my best friend.

5. We _____ to the park yesterday.

(略)

三、问答题（共40分）

1. Describe your favorite animal. What does it look like？What does it eat？（20分）

2. Write a short dialogue between two friends meeting at the library.（20分）

本节总结

要实现课堂智能测评，即确保教师同步掌握学生测试成绩，并由系统智能给出反馈和个性化解决办法，学校需要引入智能化设备和软件。AI可以辅助教师生成课堂测试题，但前提是需要上传相关内容文档，并明确题目类型和要求。同时，教师也需要根据具体的教学需求和学生特点，灵活调整和使用AI生成的测试题，以确保测试的有效性和针对性。

6.2 用AI制订完善的课程考核方案

案例 大学本科一年级——经济学原理

制订一份完善的课程考核方案有助于提高教学质量、确保人才培养目标的实现，同时也有助于进一步深化课程考核改革和完善学业考评制度。

一份完善的课程考核方案通常应涵盖以下关键要素。

（1）考核目标：明确课程考核旨在检验学生对课程内容（经济学原理）的理解程度、应用能力和学生批判性思维的培养情况。

（2）考核形式：包括平时表现、期中考试、期末考试、课程论文、小组讨论等多种形式，以全面评估学生的学习效果。

（3）考核内容：根据课程大纲，确定具体的考核知识点，如经济学基本概念、理论框架、分析方法、实际应用等。

（4）考核标准：制定详细的评分标准，确保考核的公正性和客观性，包括答题的准确性、完整性、逻辑性等方面。

（5）考核时间和地点：明确各项考核的具体时间和地点，以便学生提前做好准备。

（6）考核方式：根据考核内容和形式，选择合适的考核方式，如闭卷考试、开卷考试、在线考试等。

（7）考核分值和权重：合理分配各项考核内容的分值和权重，确保考核结果的全面性和准确性。

（8）考核反馈与评价机制：建立有效的反馈机制，及时向学生提供考核结果的反馈，并鼓励学生进行自我反思和持续改进。同时，建立评价机制，对考核方案进行定期评估和优化。

（9）考核申诉和复议流程：为学生提供申诉渠道，对考核结果有异议的学生可以按照规定流程提出申诉，并进行复议。

（10）考核结果的应用：考核结果应作为评价学生学习效果、调整教学策略、制订后续教学计划的重要依据。

提示词：

请你扮演一位拥有丰富教学经验的【大学】老师，帮我制订一份完善的课程考核方案，具体要求如下。

（1）使用的教材为【北京大学出版社出版的《经济学原理》】。

（2）考核方案包括考核目标、考核形式、考核内容、考核标准、考核时间和地点、考核方式、考核分值和权重、考核反馈与评价机制、考核申诉和复议流程、考核结果的应用等内容。

输出格式如下。

一、{一级标题}

1.1 {二级标题}

🤖 AI回答：

一、考核目标

1.1 确定学生对经济学原理的理解和掌握程度。

1.2 评估学生在运用经济学原理分析和解决实际问题方面的能力。

1.3 促进学生的批判性思维和创新能力的培养。

二、考核形式

2.1 平时表现（30%）：包括课堂参与、小组讨论、作业完成情况等。

2.2 期中考试（30%）：闭卷考试，采用选择题和简答题的形式进行。

2.3 期末考试（40%）：闭卷考试，采用论述题和案例分析的形式进行。

三、考核内容

3.1 经济学基本概念和理论。

3.2 供求关系和市场机制。

3.3 宏观经济学和微观经济学的基本原理。

3.4 经济增长和发展的基本概念及影响因素。

3.5 经济政策和政府干预的理论与实践。

四、考核标准

4.1 平时表现：积极参与课堂讨论，按时完成作业，小组讨论中能够提出有价值的观点。

4.2 期中考试：准确理解基本概念和理论，能够运用所学知识解答问题。

4.3 期末考试：深入理解经济学原理，能够分析复杂经济问题并提出切实可行的解决方案。

（略）

我们还可以针对各个模块提出细化要求，如【考核内容】模块。

> **提示词：**
> 请细化考核内容，考核内容应全面覆盖经济学原理的各个方面，包括微观经济学、宏观经济学、国际经济学等。

AI回答：

三、考核内容

3.1 微观经济学

● 供求关系与市场机制：理解供求法则，分析市场机制如何决定价格和数量。

● 生产要素与资源配置：探讨不同生产要素（如劳动、资本、土地）在生产中的作用，以及资源的最优配置。

● 消费者行为与市场需求：分析消费者偏好、预算约束对需求的影响，以及市场需求曲线的形成。

● 生产者行为与市场供给：研究企业如何根据成本收益分析决定产量，以及市场供给曲线的形成。

● 市场失灵与政府干预：讨论市场不完全、外部性、公共物品等问题导致的市场失灵，以及政府如何通过政策进行干预。

3.2 宏观经济学

● 国民收入核算与经济增长：掌握国民收入核算的方法，理解经济增长的源泉和影响因素。

● 通货膨胀与失业：分析通货膨胀的原因、影响及治理策略，探讨失业的类型、原因及政策应对。

● 货币与金融体系：理解货币的本质、职能，金融市场的结构、功能，以及货币政策对宏观经济的影响。

● 财政政策与货币政策：分析财政政策和货币政策的目标、工具、效果，以及两者的协调配合。

3.3 国际经济学

● 国际贸易理论与模型：掌握国际贸易的基本理论（如比较优势理论），分析国际贸易的模式和利益。

● 贸易保护主义与自由贸易协定：探讨贸易保护主义的政策措施、影响，以及自由贸易协定的意义和作用。

- 跨国公司与直接投资：分析跨国公司的投资动机、策略，以及直接投资对东道国和母国经济的影响。
- 国际金融市场与汇率制度：理解国际金融市场的运作机制、汇率的决定因素，以及不同汇率制度的特点和影响。

我们还可以让AI帮我们构思考核的具体问题。

提示词：

请列举2个经济热点问题或案例，以帮助学生将理论知识应用到实际情境中。

AI回答：

（1）贸易战对全球经济的影响：学生可以深入分析中美贸易战对两国及全球经济的影响。他们可以探讨贸易战对贸易流量、投资决策、汇率波动以及就业市场等方面的影响，并结合经济学原理，如供求关系、市场失灵、外部性等，进行深入分析。

（2）新冠肺炎疫情对全球供应链的冲击：学生可以研究新冠肺炎疫情对全球供应链的影响和调整。他们可以分析新冠肺炎疫情对生产要素供应、资源配置、市场需求等方面的影响，并结合经济学原理，如风险评估、市场失灵、政府干预等，探讨各国应对措施的效果，以及未来供应链的发展趋势。

本节总结

制订完善的课程考核方案需要综合考虑考核目标、形式、内容、标准等多个维度。在明确这些基础信息的基础上，通过逐步深入提问以及利用AI的智能化功能，我们可以精心打造一份全面、细致且符合教学需求的考核方案。同时，我们也应认识到，考核方案需要根据实际情况进行灵活调整和完善，以适应不断变化的教学需求和学生特点。

6.3 用 AI 生成期中 / 期末测试题

案例 初中七年级历史（上）——中国古代史

相较于课堂测试题，期中、期末考试的试题需要覆盖更广的知识点，信息量更大，因此题目的设计更为复杂，用AI生成这类题目的挑战也更高。

尽管如此，使用AI生成这类题目的逻辑依然清晰：选择合适的AI平台+提示词技巧。我们可以按照以下步骤来进行。

1. 基础资料准备

（1）教学内容：包括电子教材、教案内容、课件等，确保资料全面且详细。这些资料将帮助AI了解七年级上学期历史的具体教学内容。

（2）试卷要求：明确试卷的总分、题型分布（如选择题、填空题、论述题等）以及各题型的分数设置和分配比例。这将确保生成的试卷符合学科或学校的要求。

（3）教学重点：列出目录大纲、知识框架，并尽可能标记出教学重点和考试重点。这将帮助AI准确抓住考核的侧重点，从而生成能够真实评估学生学习情况的试题。

2. 选择合适的平台

目前，国产AI平台发展迅猛，功能各异。为了获得更优质的答案，我们可以尝试不同的平台，甚至综合不同平台的答案进行整合。

在选择平台时，考虑到可能涉及批量文档的上传以及链接内容的读取，推荐使用讯飞星火、通义千问、Kimi等平台，这些平台通常支持批量文档上传和读取。

3. 提示词设置

关于提示词的设置，这里介绍两种方法。

方法一：角色扮演+要点式提示词。

第 6 章 >> AI+ 测评，助力学生考核和评估

> 💡 **提示词：**
>
> 请你扮演一名【初中七年级的历史】老师，根据我上传的文档，为【七年级上学期】的学生精心生成一份期末考试试卷。
>
> 试卷要求如下。
>
> （1）试卷结构：总分为100分，包括20道选择题（每题1分，共20分），10道填空题（每题2分，共20分），2道简答题（每题10分，共20分），2道案例分析题（每题10分，共20分），1道开放讨论题（共20分）。选择题为单选题，填空题需确保一题一空，案例分析题应紧密结合教材的知识点，开放讨论题可适当结合社会热点来设置。
>
> （2）内容要求：试卷题目要紧扣教材的要点，可以适当延伸但不要超纲。内容分配合理，确保不同章节的内容均有所涉及，以全面考核学生对知识的掌握情况。
>
> （3）难度与重复性：考试难度需适中，题目前后内容不得重复。
>
> 附：文档1为电子版教材/教案/课件；文档2为知识点大纲及考核重点。

在实际操作中，我们发现AI基本能够按照要求生成试卷，包含应有的题型。需要注意的是，AI有时可能会"偷懒"，比如明明要求生成20道选择题，AI可能只生成了5道选择题，甚至有时会自动省略部分题目，如图6-2所示。

图6-2　AI生成的七年级上学期历史期末考试试卷

针对这一问题，我们可以通过以下提示词进行二次提问或深化提问。

> **追问示例：**
> 示例一：请单独生成选择题，共20道。
> 示例二：请根据提供的文档材料，先帮我生成选择题。
> 示例三：请将选择题补充完整，共20道。
> 示例四：请将开放讨论题进行进一步细化，使其更具针对性和深度。

按照上述提示词进行二次提问并上传对应文档后，通常经过1～3次提问，AI就能给出比较满意的答案。在这一轮对比中，讯飞星火的表现更胜一筹。以下是讯飞星火生成的试卷（部分）。

AI回答：

七年级上学期历史期末考试试卷

一、选择题（每题1分，共20分）

1. 人类社会从低级到高级不断演进，劳动在从猿到人的进化过程中起了最重要的作用，北京人称为"人"而非"猿"的原因是什么？
  A. 会制造工具 B. 能直立行走
  C. 会使用火 D. 具有语言能力

2. 下列哪一项不是原始农业与农耕聚落出现的现象？
  A. 出现了随葬品玉器 B. 产生了贫富分化
  C. 阶级已经萌芽 D. 人们定居下来

3. 尧舜禹时期，通过推举产生部落联盟首领的制度被称为什么？
  A. 世袭制 B. 分封制 C. 禅让制 D. 宗法制

4. 西周时期，周王将土地和臣民授予诸侯的制度有何作用？
  A. 拱卫王室 B. 定期朝觐
  C. 纳贡服役 D. 明确继承制度

5. 春秋时期，第一个称霸的是哪位诸侯？
  A. 齐桓公 B. 宋襄公 C. 晋文公 D. 秦穆公

6. "铁器牛耕引起的社会革命"主要是指什么？
  A. 个体农耕取代大规模集体耕作 B. 奴隶主转变为地主

C. 农民成为社会的基本生产单位　　D. 土地由公有转为私有

（略）

二、填空题（每题2分，共20分）

1. ＿＿＿＿＿是我国历史上第一个国家。

2. "公作则迟，分地则速"反映了个体＿＿＿＿＿经济的特点。

3. 春秋时期，晋国在城濮之战中击败了楚国，此次战役中晋文公采取的策略是＿＿＿＿＿。

4. "千耦其耘"描述的是＿＿＿＿＿时期的集体耕作方式。

5. 商鞅变法中，＿＿＿＿＿是最能体现改革性质的措施。

（略）

三、简答题（每题10分，共20分）

1. 简述西周的分封制及其目的。

2. 简述商鞅变法的内容和意义。

四、分析题（每题10分，共20分）

1. 分析秦始皇建立中央集权制度的措施及影响。

2. 描述张骞出使西域的历史意义。

五、开放讨论题（20分）

讨论"大一统"思想对中华民族的影响。

本题要求考生深入探讨"大一统"思想如何塑造中华民族的国家观和民族观，并分析这一概念在当代中国社会政治、经济、文化等领域的体现和影响。考生需要结合历史背景与现代案例，具体分析"大一统"思想对中华民族凝聚力、国家统一及文化认同等方面的作用。

方法二：用AI驱动AI生成提示词。

当我们面对复杂的问题，不知道如何提问才能得到满意的答案，或者不知道如何设置合适的提示词时，一个有效的方法是向AI求助，让AI帮我们生成初步的提示词框架。

> 提示词1：如果我想让你帮我生成一份期末试卷，我应该如何向你提问，才能得到满意的答案？
>
> 提示词2：现在请角色互换，你扮演擅长利用AI的提问者，能够写出优

质的提示词以引导AI给出满意的答案。我给出提示，你来具体提问，明白了吗？

追问：你的任务是生成一份能够引导AI制作期末试卷的详细提示词，请开始你的提问，并尽量采用结构化的方式来回答。

通过这种方式，AI会生成如图6-3所示的期末试卷提示词。

当你想用AI生成一份期末试卷时，你可以使用以下提示词结构向AI提问：

```
1   请为我生成一份七年级历史学科的期末试卷，满足以下要求：
2
3   1. 试卷结构：
4      - 包含选择题、填空题、简答题和论述题。
5      - 选择题20道，每题1分，共20分。
6      - 填空题10道，每题2分，共20分。
7      - 简答题2道，每题10分，共20分。
8      - 论述题2道，每题20分，共40分。
9
10  2. 内容范围：
11     - 试卷内容应涵盖本学期所学的所有关键历史知识点，特别是课本中的案例和重点事件。
```

图6-3　AI生成的期末试卷提示词

此外，很多AI平台上都提供了提示词助手等便捷功能，这些功能可以帮助我们快速生成提示词，并方便我们进行修改和套用。以讯飞星火为例，只需在主页单击【助手中心】按钮，就可以看到针对不同功能和不同场景的细化AI工具。在该界面的搜索栏中输入"提示词"，就可以找到各式各样的提示词助手，如图6-4所示。

图6-4　星火助手中心界面

我们选择【Prompt提示词生成专家】功能后，仅需在输入框输入我们的具体需求，就可以让AI根据这些信息帮忙生成相应的提示词了。例如，在输入框中输入"生成一份五年级英语期末考试试卷的提示词"，就能得到如图6-5所示的提示词。

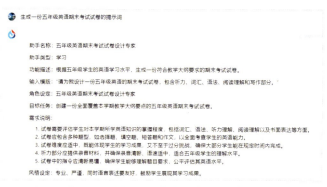

图6-5 【Prompt提示词生成专家】功能生成的提示词

可能有人会疑惑，既然AI能生成提示词，那我们为何还要用那么多的篇幅来讲解提示词呢？

实际上，通过上述例子可以看出，AI生成的提示词虽然能为我们提供一些思路和参考，但往往较为宽泛，缺乏具体的细节，比如没有涵盖要上传的教学材料等。因此，如果我们直接复制AI生成的提示词，得到的答案大概率会比较笼统，无法满足我们的实际需求。AI生成的提示词更多的是给我们一些思路和参考，我们还需要结合自己的实际情况来修改、补充和完善。因此，学会提问的基础逻辑和技巧仍然非常必要。

本节总结

AI可以生成期中和期末测试题，但需要我们提供详细的提示词信息，如具体的教学内容、课件文档、试卷题型及分数分配、教学重点等。只有在此基础上，通过多次提问和修改，我们才可以得到一份合格的试卷。

如果我们不知道如何设置提示词，可以利用AI驱动AI的方法，通过向AI提问来获取更具体的提问技巧。此外，我们还可以在讯飞星火等平台上找到提示词助手等功能，协助我们完成提示词的编写。

6.4 利用 AI 批改学生作业和试卷

案例 无锡市塔影中心小学——五年级数学

既然 AI 能够协助我们生成试卷，那么 AI 是否也能够帮助我们直接批改试卷呢？

1. 业内案例

下面是一些新闻平台上发布的关于 AI 批改作业的案例。

案例 1

无锡市塔影中心小学五年级数学老师赵佳妮展示并介绍道："课代表收集完包含当天作业的学习单后，我们会使用连接了智能化平台的扫描仪把所有作业扫描上传到云端。在上传的同时，这套设备会利用图像识别、图像分割、图像搜索等 AI 技术进行初步的虚拟批改。扫描结束后，再把学习单放入留痕打印机，虚拟批改的痕迹就会被打印到学习单上相应的答题位置。"

案例 2

在一个小学班级中，40 余名学生的课堂作业被放入一台看似打印机的设备中，短短一分钟，作业就被扫描并打印出来，每道题都附带了留痕批改结果，甚至细致到指出错题的具体错误原因。此外，机器还会像老师一样，在作业上留下表扬、鼓励的寄语。系统会自动生成关于此次作业批改的学情分析报告，详细分析全班的高频错题、错误原因、关联知识点等，帮助老师全面了解学生的掌握情况。

从上述案例可以看出，业内已经有了使用 AI 来批改作业的先例，这表明 AI 在批改作业方面具有一定的可行性。那么该如何实现这一目标呢？

2. AI 能否直接批改作业

在 AI 尚未如此发达之前，市面上已经存在很多搜题软件。将题目拍成图片上传，这些软件会给出答案或者解题过程。这些软件大多来自在线教育平台，常用于家长辅导孩子或者孩子自主学习的场景。

如今，AI技术已经可以实现解题和给出答案的功能，但准确度与题目的类型有很大关联。例如，有实验显示，将2024年的高考试卷交给AI大模型作答，结果如图6-6所示。

模型	语文 （满分150）	数学 （满分150）	英语 （满分120）	总分 （满分420）
Qwen2-72B	124	70	109	303
GPT-4o	111.5	73	111.5	296
InternLM2-20B-WQX	112	75	108.5	295.5
Qwen2-57B	99.5	58	96.5	254
Yi-1.5-34B	97	29	104.5	230.5
GLM-4-9B	86	49	67	202
Mixtral 8x22B	77.5	21	86.5	185

图6-6　AI大模型作答2024年高考试卷的结果

结果显示，AI在语言类题目上，如语文、英语等，生成的答案相对准确，而在数学这样需要复杂思考过程的题目上得分并不理想。因此，AI做题的准确度要根据题目类型来看。

如果我们把标准答案告知AI，让AI来批改作业和试卷呢？我们可以设想以下操作步骤。

路径1：将纸质作业拍照后上传给AI，并告知AI正确答案，然后AI给出批改结果。我们需要将批改结果手动"挪"到纸质作业上。

路径2：收集电子版作业文档批量上传给AI，并告知AI正确答案，然后AI给出批改结果。

然而，以上两种路径都需要较多的人力操作，即拍照上传或上传文档，且最后还要将批改结果手动"同步"到纸质作业上。先不考虑AI批改结果的准确性，仅这些步骤本身所消耗的时间和精力可能就已经超过了教师手动批改作业所需时间和精力。此外，目前国内大多数作业和试卷仍然是纸质版，电子版的相对较少。

因此，AI以目前的水平，虽然可以帮助我们批改作业，但结果可能不准确，且操作步骤可能更麻烦。随着技术的不断进步，未来肯定会有新的突破和改进。

3. 如何利用 AI 高效批改作业和试卷

通过前面的案例，我们可以发现，要实现AI便捷化地批改作业和试卷，需要以下步骤或者前提条件。

（1）作业数字化。借助智能终端设备，如扫描仪或智能手机，将学生的纸质作业转化为数字信息。这是实现后续AI批改的前提，保证了作业数据的准确录入和高效处理。

（2）AI辅助批改。AI系统根据预设的答题模型和知识点库，自动对学生的试卷进行批改。这包括客观题型的自动识别和打分，以及主观题型的智能分析。此外，AI还能够进行错误原因分析与诊断，如"解方程的结果算错了，具体错在哪一步"等都可以被精准识别，并给出相应的错误原因分析和诊断建议。

（3）生成个性化反馈。AI针对每一份作业和试卷给出详细的答案反馈，并借助打印设备将反馈内容打印在作业或试卷上。

综上所述，要实现完全AI化的作业和试卷批改，学校需要配备相关的硬件设备和软件支持。同时，对于涉及的题目，需要在AI系统中预设相应的答题模型和知识点库，确保题目不超过AI模型的题库范围。

本节总结

业内已经有AI批改作业和试卷的案例，但要实现AI全智能化批改作业和试卷，还需要学校在硬件和软件上进行配备和支持。虽然使用通用AI大模型，如讯飞星火等，可以在一定程度上实现作业和试卷批改，但准确度有限且操作步骤略显烦琐。未来，随着技术的不断进步和突破，我们相信AI批改作业和试卷将会变得更加高效、准确和便捷。

6.5 用AI生成学生评估报告

 案例 大学计算机专业本科课程——计算机组成原理

在大学中，通常由教师或导师负责编写学生评估报告，旨在全面评价学生的学习表现、课堂参与度、专业技能和综合能力等方面。教师或导师会根据学生在课程中的表现、作业完成情况、考试成绩等来撰写评估报告。同时，一些学校还鼓励学生撰写自我评估报告，以反思自己的学习进程和成长情况。

相比前面提到的任务，在AI的辅助下，生成学生评估报告变得很简单，我们直接向AI提问就好。例如，我们可以先向AI提问，了解生成一份全面且准确的评估报告需要提供哪些关键信息或数据。

提示词：

你可以帮我写一份大学生评估报告吗？在撰写过程中，需要我提供哪些信息？

AI回答：

当然可以！请提供以下信息，以便我为您撰写一份全面且准确的大学生评估报告。

- 学生姓名和学号。
- 课程名称和学分。
- 教师姓名。
- 学年和学期。
- 学生的学习表现，如出勤、作业、考试成绩等。
- 学生的参与度，如课堂讨论、小组项目等。
- 学生的技能和能力，如批判性思维、沟通能力、团队合作等。
- 学生的优点和需要改进的地方。
- 对学生的总体评价和建议。

请提供尽可能详细的信息，以便我为您撰写一份全面且准确的评估报告。

根据AI的回答输入相应提示词：

请你根据以下信息撰写一份大学生评估报告，字数控制在800字以内。

（1）学生信息：张三，学号202301342001。

（2）课程名称和学分：计算机组成原理，4学分。

(3)教师姓名：张志。

(4)学年和学期：第二学年下学期。

(5)学生的学习表现：出勤合格，作业合格，期末考试成绩78分。

(6)学生的参与度：积极参与课堂讨论，同时与教师及同学交流频繁。

(7)学生的技能和能力：展现出了较强的逻辑思维能力、问题解决能力以及批判性思维和创新能力。

(8)学生的优点和需要改进的地方：良好的学习态度、自主学习能力、沟通能力和团队合作精神，但需在时间管理和课程内容复习总结方面加强。

(9)对学生的总体评价和建议：表现出色，但需加强时间管理和复习总结，建议保持积极态度并注重知识巩固，以促进更大进步。

AI回答：

大学生评估报告

一、学生信息

姓名：张三

学号：202301342001

课程名称和学分：计算机组成原理，4学分

教师姓名：张志

学年和学期：第二学年下学期

二、学生的学习表现

在本学期的"计算机组成原理"课程中，张三同学的学习表现良好。他出勤率良好，没有旷课或迟到的情况。他在课堂上积极参与讨论，作业质量也符合要求，展现了他对课程内容的理解和应用能力。在期末考试中，他取得了78分的成绩，虽然还有提升的空间，但整体表现符合课程要求。

三、学生的参与度

张三同学在课堂上表现出极高的参与度。他积极主动提问，与老师和同学们进行频繁交流。他对课程内容的理解深入，能够提出有见地的观点和问题。他积极参与小组项目，与小组成员合作紧密，共同完成了任务。

四、学生的技能和能力

在"计算机组成原理"课程中，张三同学展现出了较强的逻辑思维能力和问题解决能力。他能够灵活运用所学知识,独立完成作业。他对计算机组成原理的理解较为深入,能够运用所学知识分析和解决实际问题,同时还展现出了较强的批判性思维和创新能力。

五、学生的优点和需要改进的地方

张三同学在学习过程中展现出了良好的学习态度和自主学习能力,能够主动探索和学习新知识。同时,他具备较强的沟通能力和团队合作精神,能够与他人有效地合作和交流。然而,他在一些方面仍有待改进。例如,在时间管理方面,他可以更加合理地安排学习和作业的时间,以提高学习效率。此外,他还可以加强对课程内容的复习和总结,以加深对知识的理解和记忆。

六、对学生的总体评价和建议

总体而言,张三同学在本学期的"计算机组成原理"课程中表现出了较好的学习态度和能力。他在课堂上积极参与讨论,具备较强的专业技能和综合能力。然而,他还有一些需要改进的地方,如时间管理和对课程的复习总结等。建议他在今后的学习中继续保持良好的学习态度,加强时间管理,并注重对知识的巩固和应用。相信在他的努力下,他将在学术和个人发展方面取得更大的进步。

本节总结

利用AI生成学生评估报告是一种相对简单且高效的方法。整个过程可以分为两个步骤:首先,让AI给出评估模板或框架;其次,提供学生的学习和考试信息,让AI按照模板生成具体内容。这种方法不仅显著提高了工作效率,还确保了评估报告的客观性和准确性。通过AI技术的辅助,教师可以更加便捷地完成学生评估报告的撰写工作,为学生的学习和发展提供更加全面和准确的反馈。

第 7 章

AI+ 办公，
培养得力工作助手

作为老师，除了备课、上课、考核与评估学生，日常工作中还有许多其他事务需要处理，如撰写行政通知、专业介绍、社会实践汇报等。对于这些烦琐的工作，AI 都可以为我们提供有效的协助。

由于本章所涉及的内容主要是文本（包括长文本和短文本），AI 所发挥的作用主要基于其文生文功能，因此本章不会过多介绍具体案例和操作步骤，而是直接给出提示词示范。

7.1 用 AI 撰写专业介绍

大学教师经常需要撰写专业介绍。这些专业介绍通常用于招生简章、招生官网或者学校官网主页，以吸引想要报考该专业的学生和家长。在撰写专业介绍时，教师需要清晰地阐述该专业的优势与特色，以及未来的就业前景等信息，以展现专业的吸引力和竞争力。

> 提示词：
>
> 我需要一份关于大学【人工智能】专业的详细介绍，可以从以下维度进行介绍。
> （1）突出该学科专业的核心优势和特色，以吸引学生和家长的兴趣。

（2）介绍中需包含该专业的就业前景，以及毕业后可能从事的工作领域。

（3）详细解释学习该专业所能掌握的关键技能和知识点。

（4）详细列举该专业的核心课程、研究方向及学习资源。

（5）强调学校在该专业领域的教学资源和实验设施，包括师资力量和科研项目。

AI回答：

人工智能专业作为当今最前沿和最受欢迎的学科之一，它涉及计算机科学、数学、心理学、语言学等多个领域，旨在培养学生掌握人工智能理论和技术，从而具备解决实际问题的能力。以下是关于人工智能专业的详细介绍。

1. 核心优势与特色

（1）跨学科融合：本专业不仅涵盖计算机科学的基础知识，还融合了数学、逻辑学、认知科学等多个学科的知识，为学生提供全面的理论和实践基础。

（2）创新研究：鼓励学生积极参与前沿的人工智能研究项目，如机器学习、深度学习、自然语言处理等，培养其科研能力和创新思维。

（3）产学研结合：与多家知名企业合作，提供丰富的实习和就业机会，使学生能够将所学知识应用于实际问题的解决中。

2. 就业前景与工作领域

（1）软件开发：在IT公司从事智能软件和应用的开发，包括智能助手、智能推荐系统等。

（2）数据分析：利用机器学习技术进行数据挖掘和分析，为企业提供数据洞察和决策支持。

（3）机器人技术：参与开发和维护自动化系统和机器人，推动智能制造和智能服务的发展。

（4）咨询与研究：在咨询公司或研究机构作为顾问，为企业提供AI解决方案和战略规划。

（5）教育与培训：在高等教育机构或培训机构从事人工智能相关课程的教学或培训。

3. 关键技能

（1）编程能力：熟练使用Python、Java等编程语言。

（2）算法设计：理解和实现各种搜索算法、优化算法。

（3）机器学习：掌握监督学习、无监督学习等常用方法。

（4）深度学习：熟悉神经网络、卷积神经网络、循环神经网络等。

（5）数据处理：具备大数据处理能力，能够使用数据处理工具和技术进行数据清洗、分析和可视化。

4. 核心课程与研究方向

（1）基础课程：计算机科学导论、数据结构、算法分析、概率论与数理统计等。

（2）专业课程：机器学习、深度学习、自然语言处理、计算机视觉、智能系统设计等。

（3）研究方向：人工智能伦理、认知计算、增强现实与虚拟现实、自动驾驶技术等前沿领域。

5. 教学资源与实验设施

（1）师资力量：团队由经验丰富的教授和活跃在研究领域的学者组成。

（2）科研项目：学生有机会参与由学校资助的或与行业合作的科研项目。

（3）实验设施：配备先进的计算机实验室、智能硬件实验室，以及用于数据分析和机器学习的大型计算资源。

7.2 用 AI 撰写工作总结和计划

在学期的期末，教师通常需要撰写工作总结和计划，该总结和计划是对整个学期工作和下一阶段计划的简要概括，旨在强调主要成就并指明未来的发展方向。

工作总结和计划通常包括以下几个部分。

（1）回顾上一阶段的工作计划。简要回顾上一阶段所设定的目标和计划，包括教学目标、课程内容设计、教学方法等。

（2）实施情况概述。详细阐述上一阶段工作实际执行的情况，包括授课情况、学生反馈的收集与分析、课堂管理的成效以及课外辅导的实施等。

（3）成果与反思。深入分析上一阶段取得的成果，包括学生的学习进步情况、教学活动的亮点,以及不足之处。同时,反思不足之处的原因,如教学方法的有效性、教材的适用性以及学生参与度的变化等。

(4)问题与挑战。明确指出在教学过程中遇到的主要问题和挑战,如学生学习动力不足、课程资源有限、时间管理困难等。

(5)改进措施。针对发现的问题,提出具体的解决方案和改进措施,以期在未来的教学中取得更好的效果。

(6)下一阶段的工作计划。设定新的教学目标和计划,包括课程内容的调整优化、教学方法的创新、学生评估方式的改进等。

(7)个人发展。规划教师自身专业技能的提升路径,如参加专业研讨会、进修高级课程、定期阅读专业文献等。

> **提示词:**
>
> 请你扮演一名【初中生物】老师,你的授课对象是【八年级上学期】两个班的学生。现在你需要撰写上学期的工作总结和计划。请按照以下框架来完成工作总结和计划。
>
> 工作总结和计划
>
> [教师姓名]:××
>
> [学期/学年]:××
>
> 一、上一阶段工作回顾
>
> 1. 教学目标
>
> 2. 课程安排
>
> 3. 教学方法与活动
>
> 二、实施情况概述
>
> 1. 授课情况
>
> 2. 学生反馈
>
> 3. 课堂管理
>
> 三、成果与反思
>
> 1. 学生表现
>
> 2. 教学亮点
>
> 3. 需要改进的地方

四、问题与挑战

1. 遇到的主要问题

2. 原因分析

3. 影响评估

五、改进措施

1. 针对问题的解决策略

2. 教学方法的调整

3. 资源和支持需求

六、下一阶段工作计划

1. 教学目标设定

2. 课程和活动规划

3. 预期成果

七、个人发展计划

1. 专业技能提升

2. 学术研究与合作

3. 继续教育计划

八、总结

本阶段工作的主要收获及对未来工作的展望

AI回答：

工作总结和计划

[教师姓名]：××

[学期/学年]：××

一、上一阶段工作回顾

1. 教学目标

本学期，我的主要教学目标是帮助八年级上学期两个班级的学生全面掌握细胞结构与功能、遗传与进化、生态系统等核心生物学概念，培养他们的科学探究能力和批判性思维，同时激发他们对生命科学的浓厚兴趣。

2. 课程安排

按照教学大纲要求，我精心设计了为期16周的教学计划，每周覆盖2～3个新知识点，并适时安排复习课和实验课，以确保知识的连贯性和学生的深入理解。

3. 教学方法与活动

采用讲授、小组讨论、实验操作、多媒体演示等多种教学方式，并特别引入了"翻转课堂"模式，让学生在课外预习理论，在课堂上则集中进行问题探讨和实践操作。

二、实施情况概述

1. 授课情况

整体授课进度符合计划，大部分学生能够跟上教学节奏，尤其是在实验课上表现出了浓厚的兴趣和较高的参与度。

2. 学生反馈

通过问卷调查和个别访谈，学生普遍反映喜欢互动性强的课堂活动，如小组讨论和实验操作等，但部分学生希望理论讲解能更生动有趣，减少枯燥的板书时间。

3. 课堂管理

实施了小组积分制，有效提升了课堂纪律和团队合作精神。遇到学生注意力分散的情况时，通过互动游戏、提问等方式及时重新聚焦学生的注意力。

三、成果与反思

1. 学生表现

期末考试平均分较期中有所提高，特别是在遗传规律理解和生态系统构建题目上表现突出，但仍有少数学生在细胞结构记忆方面存在困难，需要进一步加强辅导。

2. 教学亮点

成功组织了一次"生物多样性日"活动，通过校园植物识别比赛和生态瓶制作等活动，加深了学生对生物多样性的认识和保护意识。

3. 需要改进的地方

需要进一步丰富教学资源，如引入更多视频资料和虚拟实验室，以适应不同学习风格的学生。同时，加强对个别学习困难学生的辅导。

四、问题与挑战

1. 遇到的主要问题

资源分配不均、部分实验材料有限等，影响了实验教学的效果。

2. 原因分析

受学校预算限制及实验器材老化未及时更新等因素影响，实验资源不足。

3. 影响评估

实验资源的不足，限制了学生动手实践的机会，可能影响他们对生物实验操作技能的掌握。

五、改进措施

1. 针对问题的解决策略

积极申请教育基金，寻求外部赞助，更新实验设备。同时，探索低成本替代实验方案，如利用日常生活材料进行模拟实验等。

2. 教学方法的调整

增加在线教育资源的使用，如虚拟实验室，并利用教育平台进行个性化学习推送，以满足不同学生的学习需求。

3. 资源和支持需求

申请学校资金支持，购买新实验器材，并请求志愿者协助准备实验材料。同时，寻求与其他学校的资源共享合作。

六、下一阶段工作计划

1. 教学目标设定

下学期将教学重点放在生物体的结构与功能、生物圈中的物质循环与能量流动，以及人类健康与疾病预防等方面，进一步提升学生的综合应用能力。

2. 课程和活动规划

计划组织一次"健康生活周"活动，包括营养饮食讲座、急救技能培训和心理健康工作坊等，进一步提升学生的生活实践能力和健康意识。

3. 预期成果

期望通过一系列实践活动和项目式学习等方式，让学生不仅能在生物学知识上有显著进步，还能在社会责任感、团队协作及自我健康管理等方面有所成长。

七、个人发展计划

1. 专业技能提升

积极参加生物教学研讨会和培训课程，学习最新的教学理念和技术，尤其是关注STEM教育在生物学科的应用和发展趋势。

2. 学术研究与合作

与本地高校合作开展关于中学生科学素养提升的研究项目。

3. 继续教育计划

报名参加教育技术高级培训课程，提高自己的信息技术在教学中的融合应用能力。

八、总结

本阶段工作让我深刻认识到灵活多样的教学方法和丰富的实践活动对于提升学生兴趣和学习效果至关重要。面对挑战和困难，我将持续探索创新并优化教学资源为学生营造一个更加活跃、高效的学习环境。未来，我期待通过不断学习和个人成长，引领学生在生物科学的道路上走得更远。

7.3 用 AI 撰写行政通知

在撰写行政通知时，一份完整的行政通知需要包含通知主题、通知目的、通知内容、通知时间和地点、相关责任人及执行要求等关键要素。借助 AI 工具，我们可以将所要传达的信息提供给 AI，让 AI 帮助我们自动生成一份符合规范的行政通知。

> **提示词：**
>
> 你是一位拥有丰富行政经验的【高校】工作人员，请撰写一份行政通知，基本信息如下。
> （1）受众：全校师生。
> （2）目的：宣布一项关于教学设备使用的新政策。
> （3）内容：自即日起，教学设备需网上预约才能使用。请全校师生登录学校设备预约系统进行预约，并在预约时间内使用设备。
> （4）格式和语气：正式。
> （5）发布方式：学校网站、电子邮件、公告板等。
> （6）后续跟进和反馈机制：欢迎全校师生提出宝贵意见和建议。如有任何疑问或建议，请及时与学校教务处联系。

AI 回答：

关于实施教学设备网上预约使用的正式通知

尊敬的全校师生：

为了进一步优化我校教学资源的分配与利用效率，提升广大师生的教学与学习体验，学校决定自即日起实施教学设备网上预约制度。现将相关事项通知如下。

一、政策内容

1. 预约平台：所有教学设备（如多媒体教室、实验室设备、视听设备等）的使用，均需通过学校官方网站的"教学设备预约系统"进行在线预约。请师生们提前熟悉并掌握该系统的操作流程。

2. 预约流程：用户需登录学校统一身份认证系统，进入"教学设备预约"模块，选择所需设备、预约时段和地点，并提交预约申请。预约成功后，系统将自动发送确认信息至用户预留的邮箱或手机。

3. 使用规定：请严格按照预约的时间段使用教学设备，若因故无法按时使用，请务必提前取消预约，以便其他师生有机会使用。未经预约或超时使用设备将视为违规行为，学校将保留采取相应管理措施的权利，并可能影响后续预约权限。

二、发布方式

本通知将通过学校官方网站、全校师生的官方电子邮件账户及各学院公告板进行广泛发布，请大家留意查看。

三、后续跟进和反馈

我们诚挚地邀请全校师生对此次政策调整提出宝贵的意见和建议。在使用过程中，如果您遇到任何问题或有改进建议，请及时与学校教务处联系。联系方式如下。

电话：××-××

邮箱：××@××.com

办公地址：行政楼××楼××室

我们承诺，将认真听取每位师生的声音，不断优化服务，确保教学设备预约系统的顺畅运行，共同推动学校教育教学质量的持续提升。

敬请全校师生予以配合和支持，感谢您的理解与合作！

教务处

［发布日期］

［高校名称］

7.4 用 AI 撰写就业计划书

撰写学生就业计划书，对于大学生而言，是一个向相关企业或机构展示自己职业规划和能力的重要机会，这有助于他们获得更好的就业机会和更广的发展空间。

一般来说，一份完整且高质量的学生就业计划书需要包含个人信息及求职目标、个人能力及优势分析、职业规划及实现路径、具体的学习及培训计划、实践经验和成果等内容。

借助 AI 工具，我们可以将自己期望的求职意向和目标提供给 AI，让 AI 帮助我们自动生成一份条理清晰、内容翔实的学生就业计划书。

> **提示词：**
> 你是一位拥有丰富教学、指导和行政经验的高校教师，现在，你需要撰写一份学生就业计划书模板，旨在帮助学生能够更好地认识自己的职业规划，并有效地向相关企业或机构展示自己的职业规划和专业技能，从而获得更好的就业机会和发展空间。

AI 回答：

学生就业计划书模板

一、个人信息

- 姓名：＿＿＿＿＿＿＿＿
- 性别：＿＿＿＿＿＿＿＿
- 出生年月：＿＿＿＿＿＿＿＿
- 联系电话：＿＿＿＿＿＿＿＿
- 电子邮箱：＿＿＿＿＿＿＿＿

二、职业规划

- 职业目标：＿＿＿＿＿＿＿＿（短期目标，如获得某项技能证书）
- 职业发展目标：＿＿＿＿＿＿＿＿（中期目标，如成为某一领域的专业人士）
- 远期职业目标：＿＿＿＿＿＿＿＿（长期目标，如成为高级管理人员或自主创业）

三、能力与技能

● 专业能力：_____（详细列出所学的专业知识、技能及参加的相关项目或研究）

● 实践能力：_____（描述在实习、社会实践、志愿服务等活动中积累的实际工作经验及收获）

● 沟通能力：_____（说明自己在团队协作、人际交往及领导力方面的具体表现）

● 创新能力：_____（举例说明自己在解决问题、创新实践等方面的具体表现）

● 其他技能与证书：_____（如英语、计算机等技能及获得的证书）

四、就业准备

● 求职材料准备：简历、求职信、推荐信等材料的准备情况及投递渠道。

● 求职时间安排：何时开始准备求职、预计求职时间及求职流程安排。

● 目标行业与岗位分析：对目标行业及岗位的认识及对岗位的适应性分析。

● 面试准备：了解面试形式、技巧及常见问题，准备相应的回答策略和技巧。

五、计划与行动

● 求职计划：制订具体的求职计划，包括投递简历的时间表、参加招聘会或面试的安排等。

● 学习计划：为了提高自己的专业能力与竞争力，制订相应的学习计划，包括课程学习、自学计划等。

● 实践计划：为了积累实践经验，制订实践计划，包括参加实践活动、实习安排等。

● 发展计划：为了实现职业发展目标，制订相应的发展计划，包括职业规划、能力提升路径等。

六、自我评价与总结

● 对自己的认识：对自己的性格、优点、不足进行客观评价，并说明如何发挥自己的优势，克服自己的不足。

7.5 利用 AI 撰写暑期社会实践汇报

在撰写暑期社会实践汇报时，一份完整且规范的模板对于学生来说至关重要。通常而言，这份模板需要包含标题、目录、活动背景和目的、活动内容和过程、活动成果和收获、活动反思和未来展望等内容。

借助 AI 工具，我们只需向 AI 提供必要的信息和指导，它便能够帮助我们自动生成一份规范化的暑期社会实践汇报模板。

> **提示词：**
> 你是一位拥有丰富教学、指导和行政经验的高校教师，请撰写一份学生暑期社会实践汇报模板，旨在帮助学生能够更好地组织和规范实践活动的汇报内容。

AI回答：

暑期社会实践汇报

一、实践基本信息

1. 实践主题：请简要描述实践活动的核心主题或内容。

2. 实践时间：

（1）开始日期：××年××月××日

（2）结束日期：××年××月××日

3. 实践地点：提供详细地址或具体地区名称。

4. 参与人员：列出所有参与实践的学生姓名及专业。

5. 指导教师：列出负责指导的教师姓名和联系方式。

二、实践目的与目标

1. 实践目的：描述开展此次社会实践活动的初衷、背景及意义。

2. 实践目标：列出希望通过实践活动达成的具体目标。

三、实践准备

1. 实践计划：简述实践活动的规划，包括时间安排、活动流程等。

2. 资料准备：列出为实践活动准备的资料、工具、设备及其用途。

3. 预期困难与对策：预测可能遇到的挑战及应对策略和预案。

四、实践过程

1. 活动记录：按时间顺序记录实践活动的主要事件、活动内容及参与情况。

2. 问题与解决：记录在实践过程中遇到的问题及解决方案。

3. 互动与反馈：描述与实践地点居民、其他参与者等的互动情况，以及收到的反馈意见和建议。

五、实践成果

1. 成果展示：展示实践活动的具体成果，如调研报告、照片、视频等。

2. 成果分析：分析实践活动的成果，评价是否达到预期目标，并列出成果的意义和价值。

六、个人反思与总结

1. 学习体会：分享通过实践活动学到的知识和技能。

2. 自我评价：对自己的表现进行评价，包括优点和需要改进的地方。

3. 建议与展望：提出对未来类似实践活动的建议和展望。

七、附件

1. 相关照片或视频链接。

2. 调研问卷或访谈记录。

3. 其他支持材料。

八、审核意见

1. 指导教师意见：指导教师对实践活动的评价和建议。

2. 学院/系意见：学院或系对学生社会实践活动的审核意见及综合评价。

请注意，以上模板仅供参考，具体内容应根据实际情况进行调整和完善。确保报告内容真实、准确，并符合学校的要求和标准。

我们可以向AI提供活动的具体信息，让AI按照上述模板生成一份完整的社会实践汇报。

> **提示词：**
> 我刚刚完成了为期【两个月】的【乡村小学支教】暑期社会实践，请你根据这个信息，按照之前提供的模板，生成一份完整的社会实践汇报。

AI回答：

暑期社会实践汇报

一、实践基本信息

1. 实践主题：乡村小学支教活动

2. 实践时间：××年××月××日 至 ××年××月××日

3. 实践地点：××省××县××乡村小学

4. 参与人员：

- 张三（教育学专业）
- 李四（英语专业）
- 王五（数学专业）

5. 指导教师：赵老师　联系方式：[填写联系方式]

二、实践目的与目标

1. 实践目的：

通过此次支教活动，旨在改善乡村小学教育资源状况，拓宽学生视野，激发学生学习兴趣，并加深自身对教育不平等问题的认识与理解。

2. 实践目标：

（1）为学生们提供精心准备的英语和数学课程。

（2）组织并开展丰富多彩的文体活动，培养学生的综合素质。

（3）调研当地教育现状，提出切实可行的改进建议。

三、实践准备

1. 实践计划：

（1）第一周：与学生建立联系，通过互动游戏和简单的测试评估学生的学习水平，制订个性化的教学计划。

（2）第二至第七周：按照计划进行日常教学和各类文体活动，定期评估教学效果并调整教学策略。

（3）第八周：总结教学经验，准备告别仪式，与学生和学校进行反馈交流。

2. 资料准备：

（1）教学材料：教科书、习题册、教案、文具等。

（2）体育器材：篮球、足球、羽毛球等。

（3）文娱活动材料：吉他、画板、彩色笔等。

3. 预期困难与对策：

预计会面临文化和教育背景差异带来的教学挑战。对策是提前了解当地文化，设计符合学生实际情况的教学方法。

四、实践过程

1. 活动记录：

（1）开展了基础英语和数学基础课程的教学，利用多媒体工具提高课堂互动性。

（2）组织了运动会和艺术展，学生积极参与，展现出良好的团队精神和艺术才能。

2. 问题与解决：

部分学生对英语学习有抵触情绪，通过设置英语角色扮演游戏和英语歌曲比赛等活动，有效提高了学生的学习兴趣和参与度。

3. 互动与反馈：

在家访和家长会中，得到了家长的积极反馈和认可，增强了家校联系和合作。

五、实践成果

1. 成果展示：

（1）学生在数学和英语科目上的平均成绩分别提高了15%和10%。

（2）成功举办了"小小艺术家"画展和"快乐运动会"等活动。

2. 成果分析：

教学目标基本达成，学生课堂参与度和学习兴趣显著提高。

六、个人反思与总结

1. 学习体会：

通过支教活动，我深刻理解了乡村教育的重要性和挑战，也增强了自己解决实际问题的能力。

2. 自我评价：

我的耐心和创新能力得到了锻炼和提升，但在应对突发事件时的决策能力方面仍有待加强。

3. 建议与展望：

建议学校加强与外界教育机构的合作，引入更多优质教育资源，为乡村学生提供更好的教育条件和发展机会。

七、附件

（1）相关照片或视频链接：［附上链接］。

（2）调研问卷或访谈记录：［附上文档］。

（3）其他支持材料：［附上文档］。

八、审核意见

1. 指导教师意见：

赵老师对此次实践活动的组织和成果表示认可，建议对教学反思进行更深入的分析和总结。

2. 学院/系意见：

教育学系对本次支教活动的社会意义和实际效果予以肯定，并提出进一步加强学校与地方政府或地方机构之间合作的建议。

请根据实际情况填写每个部分的具体内容，并保持报告内容的真实性和准确性。

7.6 用 AI 撰写活动策划

当我们借助 AI 撰写活动策划时，通常期望得到一份完整且详尽的活动策划，它需要包含活动主题与目标、活动内容与形式、参与人员及其分工、宣传推广策略以及预算规划等。

为了生成符合我们需求和期望的活动策划，我们可以将活动的基本信息提供给 AI。随后，AI 将基于这些信息，结合其强大的数据处理和创意生成能力，为我们生成一份量身定制的活动策划方案。此外，AI 还可以根据活动的特点和目标受众，提供相关的创意和建议，帮助我们进一步优化和完善活动策划，确保活动的成功举办。

> 提示词：
>
> 你是一位拥有丰富行政经验的高校教师，请撰写一份【艺术节】活动策划，基本信息如下。

> 活动名称：××大学第××届校园艺术节。
> 目的：庆祝校园文化，展示学生艺术才华和创新精神，加强校园文化建设。
> 时间：2024年7月12日至8月12日。
> 地点：××大学校园内（具体地点待定）。
> 活动形式包括：展览、比赛、表演、工作坊和文化体验等。
> 参与对象：全校学生、教师和校友。
> 预算：30000元，从活动筹备到结束全程的费用。

AI回答：

××大学第××届校园艺术节

一、策划背景及目的

为庆祝校园文化，展示学生的艺术才华和创新精神，加强校园文化建设。我们计划举办××大学××届校园艺术节。通过一系列丰富多彩的艺术活动，旨在促进师生的艺术交流，提高学生的综合素质，并营造浓厚的校园文化艺术氛围。

二、活动时间与地点

- 时间：2024年7月12日至8月12日
- 地点：××大学校园内（具体地点将后续通知）

三、活动主题

"创意·融合·展翅"——探索艺术的无限可能，展现年轻一代的创新精神和艺术追求。

四、参与对象

全校学生、教师和校友。

五、活动形式与内容

（1）展览：包括师生艺术作品展、摄影展、设计作品展等，采用实体展览或线上虚拟展览的形式。

（2）比赛：举办绘画、书法、摄影、设计、音乐、舞蹈等艺术比赛，鼓励创新与个性表达。

（3）表演：安排音乐会、戏剧演出、舞蹈表演等，展示艺术才能，增进文化交流。

（4）工作坊：组织陶艺、国画、油画、音乐制作、剧场制作等艺术工作坊和讲座，提供实践学习机会。

（5）文化体验：设置非遗文化、民族乐器等互动体验区，让参与者亲身感受艺术魅力。

六、宣传计划

（1）制作宣传海报和传单，张贴在校园显眼位置，吸引师生关注。

（2）利用校园广播、微信公众号、学校官网等媒体平台，定期发布艺术节相关信息和活动安排。

（3）在学生社团、班级等组织内部进行宣传，鼓励同学们积极参与。

（4）与校外媒体合作，邀请媒体记者进行现场报道，扩大艺术节的影响力。

七、预算规划

- 总预算：30000元
- 展览布置与物料：5000元
- 比赛奖金与奖品：8000元
- 表演服装、道具租借及技术支撑：5000元
- 工作坊材料费：3000元
- 文化体验项目费用：2000元
- 宣传费用（如设计、印刷等）：4000元
- 场地布置与后勤支持：2000元
- 应急预备金：1000元

八、实施步骤

（1）成立艺术节筹备委员会，明确各成员分工。

（2）设计和发布活动宣传资料。

（3）确定活动地点并预定场地。

（4）招募志愿者，进行活动前的培训。

（5）启动各项活动报名流程。

（6）确定展览布局和比赛规则。

（7）举行艺术节开幕式。

（8）活动期间，确保各项活动顺利进行，及时解决突发问题。

（9）举行艺术节闭幕式，并进行活动总结。

九、安全与风险管理

确保所有活动符合学校的安全规定，准备充分的安全措施，并制定应急预案。

十、评估与反馈

通过调查问卷、社交媒体和现场反馈等方式收集参与者的意见，对活动效果进行评估，为下一届艺术节提供改进建议。

请注意，这是一个基本的活动策划框架，我们可以根据实际情况和资源情况，进行进一步细化和调整。

7.7 用 AI 撰写课题研究报告

课题研究报告是针对一个特定研究课题或项目所撰写的专业性报告，在形式上，它通常遵循学术论文的基本结构和格式，并要求具备严谨性、学术性和规范性等特点。因此，撰写一份课题研究报告的工作量，相当于撰写一篇课题论文的工作量。由于利用AI生成一篇论文，在篇幅长度和论文质量方面都存在一定的难度，为了确保报告的质量和准确性，我们需要分步骤进行。

7.7.1 基础操作步骤

第一步：根据课题确定选题

🔟 **提示词：**

你是一名【汉语言】专业的大学教师，需要撰写【人工智能】领域的课题研究报告，请列出【人工智能】领域中具有一定研究价值的10个选题。

💡 **AI回答：**

作为一名汉语言专业的大学教师，我致力于将汉语言与人工智能技术相结合，探索具有创新性和实用价值的跨学科研究课题。在人工智能领域，结合汉语特性的研究课题具有深远意义。以下是10个相关的选题。

1. 基于人工智能的个性化教育平台研究。
2. 基于人工智能的汉语言教学个性化策略研究。
3. 智能汉语语料库构建与应用研究。
4. 人工智能在汉语言教学中的应用探索。
5. 人工智能伦理问题及其社会责任研究。
6. 生成式人工智能在数智教育治理中的风险与规避策略。
7. 中文自然语言处理中的语义理解和生成技术研究。
8. 跨领域知识图谱的构建及其在汉语研究领域中的应用。
9. 基于人工智能的汉语词汇语义分析与挖掘研究。
10. 汉语古籍数字化与智能检索。

这里我们选择第2个选题,即"基于人工智能的汉语言教学个性化策略研究",来构建研究大纲。

第二步:根据选题构建大纲

提示词:

请以"基于人工智能的汉语言教学个性化策略研究"为选题,撰写详细的研究大纲。

AI回答:

基于人工智能的汉语言教学个性化策略研究

一、引言

1.1 研究背景

在全球化背景下,汉语作为第二语言的学习需求持续增长,个性化教学已成为提升教学效果的关键。

1.2 研究意义

探讨如何利用人工智能实现汉语言教学的个性化,以满足不同学习者的需求。

1.3 研究内容

提出一个基于AI的个性化策略教学模型,并评估其在提高学习效率和增强学习动机方面的实际效果。

1.4 研究方法

研究采用文献综述、案例分析及实证研究相结合的方法。

二、文献综述

2.1 人工智能在语言教学领域的应用现状

2.2 个性化策略教学的研究进展

2.3 汉语言教学现状分析

2.4 研究现状总结与启示

三、基于人工智能的汉语言教学个性化理论框架

3.1 人工智能在汉语言教学中的应用概述

3.2 个性化教学策略的理论基础与构建原则

四、基于人工智能的汉语言教学个性化策略设计

4.1 学生需求分析

4.2 教学资源整合与优化策略

4.3 教学内容与方法的创新实践

4.4 教学评价与反馈机制的建立

五、实证研究

5.1 研究对象与方法的确定

5.2 教学实验设计与实施步骤

5.3 数据收集、处理与分析方法

5.4 研究结果的讨论与解释

六、基于人工智能的汉语言教学个性化策略应用案例分析

6.1 案例的选取与分析方法

6.2 案例一：智能语音教学系统在汉语教学中的应用

6.3 案例二：基于大数据的汉语学习行为分析与个性化推荐

6.4 案例三：虚拟现实技术在汉语情景教学中的创新应用

七、基于人工智能的汉语言教学个性化策略实施效果评估与优化

7.1 评估指标体系的构建原则与方法

7.2 评估方法与工具的选择与运用

7.3 评估结果分析与讨论

7.4 教学策略的优化建议与改进措施

八、结论
8.1 研究结论
8.2 研究局限与展望
8.3 实践意义与建议
九、参考文献

我们可以尝试调整提示词，或者利用不同的AI平台生成几份大纲，然后选择其中最为合适的一份作为基础进行后续正文的写作。

第三步：根据大纲逐步写出正文

由于篇幅较长且写作难度较大，AI工具往往难以直接生成一份高质量的研究报告，因此，我们需要分章节提问，甚至多次追问，以引导AI工具生成符合要求的内容。提示词追问示例如下。

示例一：请按照上述大纲，撰写【第一章】的内容，要求文风科学严谨，有理有据，字数控制在【2000】字以内。

示例二：请你扮演【人工智能】领域的研究专家，针对【基于人工智能的汉语言教学个性化策略研究】这一选题，撰写研究背景。请提供相关社会背景信息，说明这个研究选题的重要性。

示例三：我的论文主题是【基于人工智能的汉语言教学个性化策略研究】，在论述【基于人工智能的汉语言教学个性化理论框架】这一章时，我初步拟定的论点为人工智能技术在汉语言教学中的应用、个性化教学策略的理论基础、汉语言教学个性化策略构建。

现在请你从社会层面、学校层面、学生层面这三个角度出发，对以上三个论点进行讨论，保证逻辑上层次分明，形式上协调一致。字数在2000字以内。

示例四：我的论文主题是【基于人工智能的汉语言教学个性化策略研究】，在论述【基于人工智能的汉语言教学个性化策略应用案例分析】这一章时，我选取的案例如下。

案例一：智能语音教学系统在汉语教学中的应用
案例二：基于大数据的汉语学习行为分析与个性化推荐
案例三：虚拟现实技术在汉语情景教学中的创新应用

> 下面请你找出支撑对应案例的材料或新闻,进行案例论述,采用举例论证+分析的方式展开论证。

此外,虽然文献检索与引用需要有理有据,但在使用AI工具时,我们无须过于担心来源问题,因为AI工具会为我们提供文献资料来源的链接或参考信息。以 Kimi AI 为例,它提供的参考文献如图 7-1 所示。

图 7-1 Kimi 提供的参考文献

总之,在撰写研究报告或论文类长文档时,需要多次提问、细化提问、反复追问并不断尝试。在这个过程中,我们的判断力和整合能力至关重要。通过细致和耐心的工作,我们可以充分利用AI工具的优势,提高撰写的效率和质量。

7.1.2 巧用 AI 科研工具

除了前面介绍的基础提问办法,我们还可以利用某些AI科研工具(平台)为课题(论文)写作开辟"捷径"。

例如,我们可以在PC端打开讯飞星火的"星火科研助手",选择【成果调研】功能,并输入与课题相关的关键词进行查询。这样,我们就可以看到与课题相关的论文列表。在这里,我们不仅可以阅读论文的原文和摘要，还可以选择多篇论文生成综述报告，从而极大地节省论文阅读和提炼的时间，如图7-2所示。

图7-2 【成果调研】功能界面

然后，在主页面选择【论文研读】功能，我们可以一次性上传多篇论文。系统提供了"多论文对比""多文档问答""生成综述"等功能，帮助我们更好地理解和分析论文内容。

此外，在主页面选择【学术写作】功能，我们可以实现内容的中英文互译，并可以选择其中的某些内容进行英文润色和优化。这对于阅读国外论文或翻译中文论文来说，很是方便。

第8章

AI 时代教师角色的重塑与挑战

在 AI 时代，我们不仅要积极学习并充分利用好 AI，更应把握好使用 AI 的"度"。随着人工智能在教育领域的广泛应用，教师的角色正逐渐从传统的知识传递者转变为学生的引导者和学习伙伴。AI 擅长处理和提供大量的信息，而教师则可以专注于培养学生的批判性思维、创造性思维及解决问题的能力。

在这个过程中，教师如何教以及学生如何使用 AI，是我们需要长远考虑的问题。

8.1 人工智能下的教学伦理冲突

一项针对初中学生的调查结果显示，在调查的 7 个班级共 289 名学生中，有 159 人拥有手机，其中 110 人的手机安装了"AI+作业"相关软件，这意味着大约 70% 拥有手机的学生曾使用 AI 辅助完成作业。

此外，有些老师在批改作业时发现部分学生的作业质量明显超出了他们的实际水平，显然有 AI 辅助的痕迹。这一现象让老师们感到十分苦恼。

尽管我们无法完全阻止学生使用 AI，但也不能让 AI 成为他们完成作业的主要依赖。如果学生过度依赖AI，作业的作用将大打折扣，学生可能会形成思维惰性，缺乏独立思考的能力。

因此，如何在与AI的互动中保持教育的本质，已成为许多教师需要面对的挑战。

1. 依赖性与自主学习

AI可能被学生误用为完成作业的捷径。当学生过度依赖AI时，可能会形成思维惰性，丧失独立思考和解决问题的能力。

虽然AI可以提供写作思路和结构，但其生成的内容往往缺乏个人色彩和深度，难以体现学生独特的视角和情感。过度依赖AI可能导致学生的作品千篇一律，缺乏个性和创意，不利于对学生创造力的培养。

这种依赖性不仅会影响学生考试时的表现，长远来看，还可能阻碍他们形成自主学习的习惯，违背了教育培养全面发展个体的初衷。因此，学校和教育主管部门要制定相应的政策和监管措施，引导学生合理使用AI。

2. 诚实与学术诚信

当学生直接使用AI代写作业时，就涉及学术不诚实的问题，这不仅影响教育评估的公正性，也模糊了学生真实能力的界限。

教育的一个核心原则是培养学生的诚信和责任感，而使用AI代写作业违背了这一原则。因此，如何引导和规范学生合理使用AI，将成为未来教育中的重要议题。

3. 教育公平与人文关怀

AI的广泛应用可能加剧教育不平等现象。某些资金充足的学校会在教学设备、模型搭建、教师智能体、数字人等方面加大投入，使师生在硬件和软件方面都能享受到AI的便利。然而，如果只有部分学生能够获得高质量的AI教学辅助，那么这可能对无法获得同样资源的学生造成不公平。

同时，教师若过度依赖AI提供的教学资源和工具，可能会忽视对学生的个性化关注和情感支持。这将严重冲击教育的本质——人文关怀，影响学生的全面发展。

4. 教师角色的转变与适应

人工智能的介入正在改变教师的传统角色。教师需要掌握如何将AI和其他数字工具融入教学活动中，设计出能够促进学生主动学习的教学方案。这包括甄选合适的AI教育应用程序，评估其对学生学习效果的影响，并灵活调整教学策略以适应技术的快速发展。

面对快速变化的教育技术环境，教师自身也需要不断学习，更新知识结构和教学技能，成为终身学习的典范。这不仅涉及技术技能的提升，还包括对教育理念、学习理论和最新研究成果的了解与掌握。

总之，教师需要从知识传授者转变为学习引导者和道德教育者，监督学生正确使用AI，同时保持教学的人性化，关注学生的全面发展。

5. 隐私与数据安全

AI在教学中的应用不可避免地会涉及学生数据的收集、存储和分析。这些数据包括学生的个人信息、学习进度、学习习惯、成绩等敏感内容。如果这些数据未能得到妥善保护，将面临泄漏风险，进而侵犯学生的隐私权。

同时，学生数据的合理使用和共享也成为一个伦理问题。我们需要在保护学生隐私的前提下，探索如何利用这些数据提升教学质量。

6. 教育目标与技术应用的一致性

教育的最终目标是培养学生的综合能力，这包括批判性思维、创造力和解决问题的能力。因此，AI的应用需要与这些教育目标保持一致，避免沦为简单的答案提供者。

此外，对AI教育应用的监管也是一个不可忽视的问题。如何确保AI教育应用符合教育伦理和法律法规的要求？这需要政府、学校和社会各界的共同努力。

综上所述，人工智能在教学中的应用所带来的伦理冲突是多方面的。为了解决这些冲突，需要政府、学校、企业和社会各界的共同努力。作为教育工作者，我们需要加强对学生的引导和关注，确保AI教育能够真正促进学生的全面发展。

8.2 AI 时代，学生怎样用 AI 更合理

面对AI技术的迅猛发展，不同学校对其态度各异。有的学校视其为洪水猛兽而明令禁止，有的学校则鼓励学生使用，甚至将其引入课堂。

然而，AI已经成为势不可挡的趋势，且AI对教育的改革也已势在必行。在这种大环境下，与其采取一刀切的禁止措施，不如引导学生合理使用AI。以下是在特定场景下引导学生使用AI的建议。

1. 利用 AI 启发学生思维，延伸知识点

当学到一个新知识点时，如何将其与以往知识点联系起来，如何与现实生活相融合，形成知识闭环，是加深理解、促进记忆并提高应用能力的关键。

如今，利用AI工具，如智能搜索引擎和知识图谱，可以引导学生进行延伸式、联想式的探究学习。例如，在学习历史事件时，通过AI工具快速获取时代背景、参与者信息及其对后世的影响等拓展内容，可以帮助学生形成更全面的认识。

2. 巧用 AI 记录课程要点与总结

学生在课堂上一定要不停地手动记笔记吗？如果因忙于记笔记而错过老师讲的内容，或者老师讲得速度过快导致学生跟不上，怎么办呢？

其实，记笔记的任务可以交给AI。AI不仅能快速地记录内容，还能梳理要点，形成知识点待办。在课堂上，学生可以使用"通义效率"等AI软件来记录课堂要点。这些软件不仅能准确捕捉老师的每一句话，还能智能识别重点，自动生成包含关键词、概念图解的课程总结。同样地，利用具有思维导图功能的AI软件，学生可以快速根据课堂内容要点形成知识点的思维导图，便于记忆和复习。

3. 借AI攻克难点知识，解答难题

设想一下，当小学生面对根据图片写作文的练习题时，如果看不懂图片，不知道如何描述，那么该如何下手？这时，可以借助AI的图片识别和解读功能给学生提供思路，找到做题的技巧。图8-1展示了上传图片并进行提问后智谱清言（ChatGLM）给出的答案。

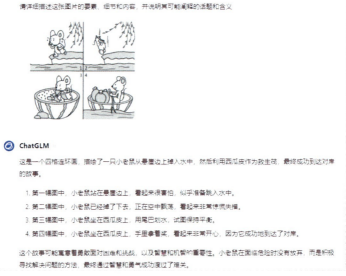

图8-1　上传图片并进行提问后智谱清言（ChatGLM）给出的答案

目前，通用AI大模型已经可以回答大多数高考试卷难度的问题，而且越来越多的专业型答题AI软件正在被研发中。例如，学而思旗下的九章大模型（MathGPT）就是专门以数学为主题，以解题和讲题算法为核心的大模型，满足了学生和数学爱好者的解题需求。

4. AI时代，培养学生的提问能力和批判性思维

在AI时代，提问比获取答案更重要。学会提问是一种很重要的能力。谁能利用AI得出更优质的答案，就意味着谁更擅长提问。因此，如何将知识点转为优质的AI提示词，是AI时代学生必须掌握的一项技能。

在课堂上，教师可以教会学生如何将知识点转化为对AI的提示词，

从而有效利用AI搜索和获取所需信息。通过与AI的对话，学生不仅可以加深对课程内容的理解，还能培养其批判性思维。

尤其是对AI给出的答案存在疑问时，学生要能够提出自己的见解，而不是盲目听信AI。同时，学生也应该学会向多平台提问，通过对比答案，找到差异，从而表达自己的理解。这种方式有助于启发学生的思维，培养学生的筛选、判断和决策能力。

5. 用AI实现个性化学习，因材施教

随着教师智能体、数字教材、智能教学平台等系统和技术的发展，AI将能因材施教。它根据不同学生的学习进度和兴趣，推荐相关领域的学习资源，如在线课程、电子书籍、互动教程、练习题等。这有助于学生在感兴趣的领域进一步拓展知识，同时可以培养学生自主学习的能力。在AI的帮助下，实现因材施教的目标不再遥远。

6. 强化AI的合理性引导，加强伦理和法律法规教育

在享受AI带来的便利的同时，我们也不能忽视其潜在的风险和挑战。例如，数据隐私、算法偏见、技术滥用等问题都可能对学生的学习和成长造成负面影响。

因此，在引导学生合理使用AI的同时，我们还需要加强AI伦理和法律法规教育。我们可以通过开设相关课程、组织实践活动等方式，让学生了解AI的基本原理和应用场景，并引导学生树立正确的技术价值观和道德观。同时，应明确规定AI使用的场合和限制，以确保其合理使用。

总之，在AI时代的教育改革中，我们需要引导学生合理使用AI，同时发挥其在教育中的积极作用。

8.3 如何避免学生对AI形成依赖

作为教育工作者，在引导学生探索和有效利用AI的同时，也需要考虑如何培养学生的自主学习能力和批判性思维，避免学生过度依赖AI。

以下是一些可供参考的策略。

1. 引导学生树立正确的 AI 观

学校或教师应开设 AI 通识课，或者在课程中融入 AI 伦理和道德教育，让学生了解 AI 使用的规范和道德准则。

同时，要教授学生 AI 运用的基本知识，让他们了解 AI 的工作原理，并通过相关案例分析和讨论，揭示 AI 的局限性和可能存在的偏见。

在观念上，要引导学生将 AI 视为一种辅助学习的工具，而非替代思考的手段。

2. 培养学生自我监管能力和批判性思维

要向学生和家长明确，使用 AI 是为了更好地理解和掌握学习内容，而非代替自己完成作业。为此，需要培养学生的自我监管能力，让他们知道如何管理自己的学习过程，包括何时使用 AI，何时不能使用。

同时，培养学生的批判性思维，如批判性地评估信息来源，鼓励他们提出问题、寻找证据，并对结果进行独立思考，避免对 AI 盲目信任。

3. 制定 AI 使用规则

鼓励学生在做作业时，先尝试独立思考和解决问题，然后再借助 AI 工具进行验证或扩展。

在课堂上设定明确的规则，限制 AI 工具的使用时间和范围。同时，教师在检查学生作业时应关注作业的创意、批判性思维、引用来源等，强化对"AI 作业"的筛查。

4. 强化教师的 AI 检测能力

教师可以设置有创造性的任务，避免布置简单、雷同的知识点概念性作业，以培养学生的创造力和原创思维。

同时，教师可以使用 AI 检测工具来筛查学生作业的原创程度，对于作业中 AI 成分较高的学生，要及时沟通和提出批评，并进行正确引导。

此外，教师要定期评估学生对 AI 的依赖程度及他们的独立思考和创新能力的发展情况，并根据评估结果调整教学策略和方法。

5. 增加课堂内外的互动讨论环节

在AI时代，线下的交流能力尤为重要。学校和教师应鼓励学生参与小组讨论和合作学习，以培养他们的沟通和协作能力。同时，为学生提供讨论机会，如增加课堂中的同学互评、现场或视频形式的反思作业等。

通过项目式学习和案例研究等方式，让学生在没有AI辅助的情况下解决问题，以培养他们的实践能力和创新思维。

6. 更新学术诚信政策

随着AI技术的发展，学校需要更新学术诚信政策以指导教学和评估实践。学校可以建立通用的学术诚信自查表或者人工智能词汇表，并确定使用AI工具的道德标准和评分规则。例如，一些高校已经发布通知，决定对毕业设计（论文）进行AI代写的检测，并将检测结果作为成绩评定和优秀毕业论文评选的参考依据。

7. 加强教师和家长的信息化素养的培训

学校应加强教师和家长的信息化素养的培训，以适应AI时代的教育需求。同时，鼓励家长对孩子进行多元学习方式的引导，如为孩子提供多种学习资源和活动，减少孩子对AI的过度依赖，并引导他们进行独立学习和思考。

8.4 人工智能时代教师如何进化和进行职业规划

虽然AI不会淘汰人，但会使用AI的人可能会淘汰不会使用AI的人。

未来几年，各行各业都会受到AI的深远影响，甚至面临重新洗牌，教师行业也不例外。为了适应这一变化，教师需要不断更新自己的技能和知识，并重新规划职业发展路径。以下是几项具体的、可行的措施。

1. 持续学习，提升AI技能

（1）学习AI基础知识。了解AI的基本概念、原理和应用场景，掌握AI在教育领域的应用实例，如智能辅助教学、个性化学习推荐等。

（2）掌握新技术工具。熟悉并掌握如何使用AI工具，如智能教学辅助系统、个性化学习平台等，以提高教学效率和质量。

（3）参与专业培训与研讨会。定期参加教育技术相关的研讨会、工作坊和在线课程等，保持对最新教育趋势和技术的敏锐洞察。

2. 转变教学理念与方式

（1）教师要从讲授者转变为引导者：将传统的单向讲授转变为多向互动，鼓励学生主动探索和学习，教师则成为学习过程中的解惑者和引导者。

（2）实现个性化教学：利用AI收集学生的学习数据，形成精准"画像"，为不同学生提供个性化的学习资源和方案。

（3）采用混合式学习模式：结合传统课堂授课与线上学习资源，利用AI分析学生的学习数据，实现更加精准和高效的教学。

3. 探索创新教学模式

（1）智能辅助教学：利用AI技术辅助备课、授课和作业批改等教学环节，减轻教师负担，提高教学效率。

（2）开展项目式学习：结合AI技术开展项目式学习，在解决实际问题的过程中，培养学生的创新思维和实践能力。

（3）创建智慧教室：教师配合学校推动智慧教室的建设，利用AI技术优化教室环境，提高教学的互动性和趣味性。

4. 强化师生互动

（1）加强师生互动：虽然AI可以辅助教学，但教师的情感支持仍然是不可替代的。教师应注重与学生的沟通和情感连接。

（2）培养学生的团队合作精神：通过小组项目和合作学习活动，教授学生如何在团队中进行有效沟通和协作。

（3）培养学生的批判性思维。鼓励学生不仅要记忆知识，更要学会分析、评估信息，特别是在AI能够自动生成大量内容的情况下。

5. 探索专业化职业路径

（1）明确职业目标：根据自身兴趣和能力，明确在AI时代的职业目标和发展方向。

（2）制订行动计划：包括短期和长期目标，以及实现这些目标所需的步骤和措施。

（3）保持开放心态：对新技术和新理念保持开放心态，勇于尝试和创新，不断适应教育变革的需求。

此外，教师还应积极配合学校利用AI构建教学资源，如利用AI辅助备课、进行总结分析等；开展人机协同教学，让AI在教学中发挥支撑性作用；利用AI实现作业和考卷自动批阅，提供个性化评价和反馈；通过AI解析课堂数据，进行教学反思，推动教研智能化；利用AI获取专业知识和研究成果，持续提升专业能力。

通过上述措施，教师可以在AI时代保持竞争力，不仅能提升自身的教学能力，还能为学生提供高质量的教育体验。

附录

给教师的 66 个 DeepSeek 实战技巧
（电子文件）

一、提问设计技巧
1. 3C 法则
2. 分步提问法
3. 角色扮演指令
4. 背景信息补充
5. 反向验证提问
6. 明确目标导向
7. 提供约束条件

二、教学效率提升
8. 智能教案生成
9. 作业批改自动化
10. 学情分析雷达
11. 个性化资源包
12. 跨学科项目设计

三、课堂创新与互动
13. 实时互动工具箱
14. 多语言实时翻译
15. AR/VR 教学脚本
16. 课堂应急问答库
17. 学生创意作业设计

四、教育管理与教师发展
18. 智能文书处理
19. 舆情预警系统
20. 全球教研智库
21. 虚拟教学演练
22. 教学复盘助手

五、知识降维与通俗化
23. 8 岁儿童解释法
24. 广场舞大妈公式
25. 甄嬛传台词法
26. 游戏机制类比
27. 厨房翻车现场

六、数据分析与报告
28. 成绩趋势可视化
29. 错题本智能分析
30. 教学研究报告
31. 自动化日报生成
32. 隐私保护模式

七、跨场景通用技巧
33. 万能模板公式——"身份+任务+要求+示例"
34. 结果迭代优化
35. 敏感内容过滤
36. 快速检索标签

八、文件处理与数据分析
37. 文档总结与提取
38. 数据可视化生成
39. 合同条款提取
40. 实验数据分析
41. 多文档对比分析

十、代码与编程辅助
42. 代码生成与优化
43. 代码调试与排错
44. 单元测试设计
45. API 调用模板
46. 技术面试模拟

十一、创意与内容创作
47. 爆款标题生成
48. 短视频脚本设计
49. 风格模仿创作
50. 诗歌与歌词创作
51. 非线性叙事设计

十二、学习与个人成长
52. 学习计划定制
53. 错题分析与强化
54. 记忆强化技巧
55. 学习进度监控
56. 跨学科知识串联

十三、职场与项目管理
57. 会议纪要整理
58. 绩效考核优化
59. 风险防控清单
60. 跨部门协作优化

十四、DeepSeek+ 其他工具
61. DeepSeek+AI PPT
62. DeepSeek+AI 绘画类软件（Mj、通义万相等）
63. DeepSeek+AI 视频类软件
64. DeepSeek+AI 图表类软件
65. DeepSeek+AI 录音类软件
66. DeepSeek+ 编程（cline）

温馨提示：由于篇幅有限，请大家根据前言的获取方式领取【给教师的 66 个 DeepSeek 实战技巧】。

内 容 提 要

本书深入探讨了AI技术如何为教育领域带来颠覆性变革。本书中不仅展示了AI技术如何能够代替教师进行板书、生成精美课件，以更生动直观的方式呈现知识，还阐述了AI如何根据学生学习情况提供个性化辅导。此外，该书还介绍了如何利用AI进行备课、授课、测评及办公，以解放教师时间，提升教学效果，并展望了"AI+教育"背景下更加公平、高效、个性化的教育未来，同时也关注了AI在教育中的应用所带来的挑战与应对策略。本书适合教育工作者、教育技术爱好者等阅读，共同探索AI与教育的无限可能。

图书在版编目(CIP)数据

教师助手：巧用AI高效教学 / 汪兵，雷春，秋叶著.
北京：北京大学出版社，2025.3. -- ISBN 978-7-301-35913-6

Ⅰ.G434

中国国家版本馆CIP数据核字第2025RU0971号

书　　　名	教师助手：巧用AI高效教学 JIAOSHI ZHUSHOU: QIAOYONG AI GAOXIAO JIAOXUE
著作责任者	汪兵　雷春　秋叶　著
责任编辑	刘云　姜宝雪
标准书号	ISBN 978-7-301-35913-6
出版发行	北京大学出版社
地　　　址	北京市海淀区成府路205号　100871
网　　　址	http://www.pup.cn　　新浪微博：@北京大学出版社
电子邮箱	编辑部 pup7@pup.cn　总编室 zpup@pup.cn
电　　　话	邮购部 010-62752015　发行部 010-62750672　编辑部 010-62570390
印刷者	北京宏伟双华印刷有限公司
经销者	新华书店
	880毫米×1230毫米　32开本　7.75印张　223千字 2025年3月第1版　2025年3月第1次印刷
印　　　数	1-5000册
定　　　价	69.00元

未经许可，不得以任何方式复制或抄袭本书之部分或全部内容。
版权所有，侵权必究
举报电话：010-62752024　电子邮箱：fd@pup.cn
图书如有印装质量问题，请与出版部联系，电话：010-62756370